EL ARTE DE LA IA

Cómo Afecta la Tecnología a la Creatividad

Harry J. Smith

CONTENIDO

CONTENIDO

INTRODUCCIÓN

Bienvenido al fascinante mundo donde la inteligencia artificial (IA) se encuentra con la creatividad humana: un territorio inexplorado donde la ciencia y el arte, lo lógico y lo irracional, se unen en sorprendente armonía. "El Arte de la IA: Cómo Afecta la Tecnología a la Creatividad" le guiará a través de este laberinto de posibilidades, desafiando sus ideas preconcebidas sobre lo que es posible cuando estas dos fuerzas aparentemente dispares se encuentran.

¿Se ha preguntado alguna vez si un algoritmo podría componer una sinfonía capaz de emocionar? ¿O si una red neuronal podría pintar un cuadro que desafiara nuestra comprensión del arte? Estas preguntas pueden parecer sacadas de una novela de ciencia ficción, pero son cuestiones actuales a las que estamos empezando a dar respuesta. Este libro es su mapa para navegar por este nuevo universo.

En el Capítulo 1, exploramos la unión de la IA y la creatividad humana, abarcando desde la historia de la colaboración hasta los dilemas éticos que surgen cuando la máquina empieza a "crear". Como entender el contexto es crucial, haremos una introducción exhaustiva a qué es la IA, cómo empezó a entrelazar su historia con la del arte y cuáles son los límites y el potencial de esta colaboración.

A partir del capítulo 2, entramos de lleno en el tema, desvelando los fundamentos de la IA creativa. Algoritmos generativos, redes neuronales, aprendizaje profundo... estos términos pueden parecer abstractos ahora, pero te prometemos que se convertirán en algo natural una vez que aprendas cómo funcionan y cómo se pueden aplicar en diferentes áreas de la creatividad.

Porque sí, la IA se está abriendo paso en todos los campos artísticos. Imagine música compuesta con la ayuda de la IA que evoque emociones profundas, o pinturas generadas por algoritmos que rivalicen con los grandes maestros. Y eso no es todo; la literatura, el cine y la moda también están experimentando su propia revolución gracias a esta tecnología. Este libro le llevará de viaje por estas aplicaciones revolucionarias, mostrándole ejemplos concretos y casos de éxito.

Pero no podemos ignorar las responsabilidades que conlleva un poder tan grande. En el Capítulo 9, nos enfrentamos a los retos éticos que acompañan a la IA creativa. Desde la atribución de derechos de autor hasta el impacto en el empleo, exploramos los dilemas a los que se enfrenta la sociedad a la hora de utilizar esta tecnología de forma responsable.

Por último, le invitamos a mirar hacia el futuro. La IA creativa es una frontera en rápido desarrollo, con innovaciones que surgen a un ritmo vertiginoso. ¿Cuál será su papel en el mundo del arte, la música, la literatura y otros ámbitos en los próximos años? El capítulo 10 intentará arrojar algo de luz sobre estos enigmas.

Le aseguramos que terminará este libro con una nueva perspectiva de la creatividad y de cómo la inteligencia artificial está cambiando las reglas del juego. Prepárese para sorprenderse, inspirarse y, tal vez, inquietarse un poco, pero sobre todo, prepárese para abrir su mente a un mundo de infinitas posibilidades.

Bienvenido a El arte de la IA. El futuro de la creatividad empieza ahora.

CAPÍTULO 1: INTELIGENCIA ARTIFICIAL Y CREATIVIDAD HUMANA.

Una de las preguntas que impregnan el aire de nuestro tiempo, cargada de incertidumbre y fascinación, es: ¿qué es la inteligencia artificial y qué papel puede desempeñar en el tejido cada vez más complejo de la creatividad humana? Es una pregunta que desencadena un diluvio de otras cuestiones, algunas técnicas y otras filosóficas, todas ellas destinadas a afectar profundamente a la forma en que entendemos la esencia misma de la cognición y la innovación.

Para empezar, la inteligencia artificial es una rama de la informática que trata de construir sistemas capaces de realizar tareas que, de ser realizadas por humanos, requerirían el uso de la inteligencia. Pero cuidado, esta definición tiene doble filo: al tiempo que nos lleva a comparar la máquina con el ser humano, también nos obliga a preguntarnos qué entendemos exactamente por "inteligencia". ¿Es razonamiento? ¿Es adaptabilidad? ¿Es la capacidad de experimentar y aprender de la experiencia? La respuesta es que la inteligencia es todas estas cosas, y quizá más.

Hablemos ahora de la creatividad, esa joya engarzada en el

corazón de la experiencia humana. La creatividad es la capacidad de generar ideas, obras y soluciones originales y valiosas. Es un don que parecería pertenecer exclusivamente al dominio humano, donde la intuición, la emoción y la conexión con un patrimonio cultural más amplio desempeñan papeles insustituibles. Sin embargo, aquí es donde la charla se pone interesante: la inteligencia artificial interviene cada vez más en el ámbito de la creatividad, no como sustituto, sino como amplificador de nuestras capacidades.

Los sistemas de inteligencia artificial se utilizan ya en campos que van del arte a la música, de la escritura al diseño arquitectónico. Pueden analizar enormes conjuntos de datos para identificar patrones y tendencias que serían casi imposibles de detectar por un solo ser humano. Pueden generar ideas iniciales a las que los artistas pueden dar forma y perfeccionar. En este sentido, la inteligencia artificial actúa como un catalizador que puede abrir nuevas vías a la inspiración humana.

Pero, ¿qué significa esto para la comprensión más amplia de la relación entre la inteligencia artificial y la creatividad humana? Significa que debemos empezar a pensar en estas entidades no como fuerzas competidoras, sino como componentes complementarios de un ecosistema mayor. Un ecosistema en el que la máquina no es ni el amo ni el esclavo, sino un socio en el proceso de descubrimiento y creación.

Aún no podemos decir si las máquinas llegarán a ser "creativas" en el sentido más puro y profundo de la palabra, pero lo que sí podemos afirmar es que su presencia ya está cambiando nuestra forma de crear, de comprometernos e incluso de pensar en el concepto de creatividad. Y así, mientras seguimos navegando por estas aguas inexploradas, una cosa es cierta: la combinación de inteligencia artificial y creatividad humana representa una de las fronteras más apasionantes y desafiantes de nuestro tiempo.

Tomémonos un momento para considerar la inteligencia artificial no como una mera herramienta computacional o un ejecutor eficaz de tareas mecánicas, sino como un compañero silencioso en el viaje creativo del ser humano. La colaboración entre la inteligencia artificial y la creatividad humana es una historia enraizada en años de desarrollo tecnológico y filosófico. Esta relación ha cobrado especial relevancia en una época en la que buscamos constantemente nuevas formas de expresarnos y de entender el mundo que nos rodea.

En las primeras fases de su desarrollo, la inteligencia artificial se veía principalmente como una máquina para resolver complicados problemas matemáticos. Sin embargo, con el paso del tiempo, científicos y pensadores empezaron a preguntarse: "¿Y si la IA pudiera hacer algo más? ¿Y si pudiera ayudar a desbloquear nuevos niveles de expresión creativa?".

Y así comenzó una colaboración inusual pero fructífera. Tomemos, por ejemplo, el mundo de la pintura digital. Aquí, la inteligencia artificial puede sugerir combinaciones de colores y patrones que quizá un artista nunca habría considerado, empujándole más allá de los límites de su imaginación. Del mismo modo, en la composición musical, los algoritmos pueden generar secuencias armónicas o rítmicas que ofrecen un nuevo espacio de exploración al compositor. No se trata de sustituir al artista, sino de ampliar su repertorio de posibilidades creativas.

La escritura es otro campo en el que la IA está haciendo lentamente su incursión. Mediante técnicas avanzadas de procesamiento del lenguaje natural, los algoritmos pueden sugerir tramas, generar diálogos e incluso crear personajes con una profundidad psicológica convincente. Todo esto permite a los escritores centrarse en aspectos más sutiles de la narrativa, como el ritmo y el tono, mientras la IA se ocupa de elementos más mecánicos.

La IA no sólo tiene aplicación en el arte tradicional. El diseño de productos, la moda, la arquitectura e incluso la cocina empiezan a ver en la IA un aliado más que una herramienta. Ya sea sugiriendo nuevas combinaciones de materiales en la industria de la moda u optimizando la distribución del espacio en un edificio, la IA ofrece una perspectiva totalmente nueva, basada en datos y algoritmos, que puede ir de la mano de la intuición y la visión humanas.

Sin embargo, la relación entre la IA y la creatividad humana no está exenta de polémica. Hay quienes sostienen que la IA, por su propia naturaleza, es incapaz de una verdadera creatividad, ya que carece de las emociones y la experiencia subjetiva que son fundamentales para el acto creativo. Al mismo tiempo, existe el temor de que la IA pueda "deshumanizar" el arte, haciendo superfluo el toque humano.

A pesar de estas preocupaciones, es innegable que nos encontramos en un momento crucial de la historia de la colaboración entre la inteligencia artificial y la creatividad humana. Esta colaboración tiene el potencial de llevar los límites del arte y el diseño a territorios inexplorados, enriqueciendo nuestra comprensión de la propia creatividad. Es una historia que acaba de empezar, y sus páginas futuras están abiertas a infinitas posibilidades.

Una de las cuestiones más fascinantes que surgen en el diálogo entre la inteligencia artificial y la humanidad es el reto que plantea a nuestra comprensión de la creatividad. A primera vista, la creatividad parece dominio exclusivo de los humanos, un paisaje interior tan rico y complejo que resulta inaccesible para un algoritmo. Sin embargo, las recientes innovaciones en el campo de la inteligencia artificial están empezando a subvertir esta noción, presentando casos prácticos que invitan a una reflexión más profunda.

Tomemos, por ejemplo, el campo del arte visual. Un proyecto llamado "DeepArt" utiliza redes neuronales convolucionales para "aprender" estilos artísticos de cuadros famosos y aplicarlos a nuevas imágenes. El resultado es sorprendente y desafía nuestra comprensión de lo que constituye una obra de arte. ¿Podría un algoritmo, entrenado para reproducir las pinceladas de Van Gogh o la geometría de Mondrian, reivindicar algún tipo de agencia creativa? La respuesta a esta pregunta puede no ser un simple "sí" o "no", sino más bien una invitación a explorar lo que realmente queremos decir cuando hablamos de creatividad.

En el campo de la escritura, programas como GPT-3 han demostrado una increíble versatilidad a la hora de imitar el estilo y la estructura del lenguaje humano. Aunque la mayoría de los escritores probablemente no ven en estas herramientas una amenaza para su profesión, plantean cuestiones intrigantes sobre la esencia de la narración y la propiedad intelectual. Si un algoritmo puede generar una historia o un poema que toque las cuerdas de la emoción humana, ¿cómo debemos enfrentarnos a nuestra creencia anterior de que la creatividad es patrimonio exclusivo de la mente humana?

En el mundo de la música, herramientas de inteligencia artificial como AIVA o Magenta de Google han compuesto pistas que van desde piezas clásicas a temas de música electrónica. El resultado, de nuevo, es tan convincente que desafía las barreras tradicionales entre lo "creado" y lo "computado".

Estos casos prácticos abren una caja de Pandora de cuestiones éticas, filosóficas e incluso existenciales. En primer lugar, está la cuestión de la propiedad intelectual. Si un algoritmo crea una obra de arte o compone una sinfonía, ¿a quién pertenece realmente? En segundo lugar, a medida que avanza la tecnología, es inevitable preguntarse si llegará un momento en que la inteligencia artificial supere a los humanos en capacidad creativa. Y si es así, ¿qué implicaciones tendrá esto para nuestro papel y sentido de identidad en el mundo?

El diálogo entre la inteligencia artificial y la creatividad humana es como un diálogo entre espejos, en el que cada reflejo puede revelar algo nuevo sobre lo que significa ser verdaderamente "creativo". Quizá en lugar de ver la inteligencia artificial como una usurpadora de nuestro dominio creativo, podríamos verla como un complemento, una extensión que desafía y enriquece nuestra comprensión de la creatividad en sí misma.

Mientras seguimos navegando por este territorio inexplorado, es crucial no sólo celebrar nuestros logros técnicos, sino también reflexionar sobre las cuestiones más profundas que plantean estas innovaciones. La inteligencia artificial y la creatividad humana, lejos de ser conceptos contrapuestos, pueden ser en realidad compañeros de viaje en una extraordinaria exploración del infinito potencial de la expresión y la imaginación.

En la era moderna, la inteligencia artificial (IA) ha invadido numerosos ámbitos de la vida cotidiana, desde la automatización industrial hasta el diagnóstico médico. Pero una de las cuestiones más fascinantes, y a la vez inquietantes, es la relación entre la IA y la creatividad humana. Muchos se preguntan si las máquinas serán capaces algún día de replicar, o incluso superar, la creatividad humana. Otros se preguntan por las implicaciones éticas de esta evolución.

Cuando hablamos de creatividad, nos referimos a la capacidad de generar ideas, conceptos o productos originales y significativos. Siempre se ha considerado una peculiaridad exclusivamente humana, ligada a procesos cognitivos complejos y a la cultura. ¿Pueden las máquinas competir realmente con los humanos en este campo?

Algunos avances recientes en el campo de la IA podrían hacernos pensar que sí. Se han entrenado algoritmos de aprendizaje profundo para componer música, crear obras de arte y escribir poesía que, a primera vista, podrían parecer producto del genio humano. Pero, ¿podemos definir como "creativa" a una máquina que no posee conciencia, emociones o comprensión del contexto en el que opera?

Aquí es donde entra en juego la ética. El uso de la IA en el campo de la creatividad abre una auténtica caja de Pandora ética. Si un algoritmo crea una obra de arte o compone una sinfonía, ¿a quién pertenecen los derechos de autor? ¿Y qué ocurre cuando la IA genera contenidos que se consideran ofensivos o inapropiados? ¿Quién es responsable: la máquina, el programador o el que proporcionó los datos para el entrenamiento?

Además de los dilemas legales, cada vez preocupa más el efecto que la tecnología pueda tener sobre la propia creatividad humana. Si empezamos a depender demasiado de la IA para generar contenidos "creativos", corremos el riesgo de erosionar nuestro propio potencial inventivo. La creatividad está ligada a nuestra identidad, cultura e historia; delegar este proceso en las máquinas podría tener un impacto irrevocable en nuestra evolución como especie.

Sin embargo, no debemos ver necesariamente la IA como una amenaza para la creatividad humana, sino más bien como un complemento. Los artistas pueden utilizarla para explorar nuevas fronteras expresivas, los músicos para experimentar con estructuras sonoras novedosas y los escritores para jugar con nuevas formas narrativas. La IA también podría servir como herramienta educativa, ayudando a las personas a desarrollar sus habilidades creativas a través de la imitación y la variación.

La intersección de la IA y la creatividad humana es un territorio rico en potencial, pero también en peligros. La responsabilidad ética de navegar por este complicado paisaje recae en todos nosotros: desarrolladores, artistas, éticos y la sociedad en su conjunto. Debemos proceder con cautela, sopesando cuidadosamente las implicaciones éticas de cada avance tecnológico y recordando siempre que la verdadera esencia de la creatividad reside en la singularidad y complejidad de la experiencia humana.

La Inteligencia Artificial es un campo que ha catalizado la atención de los mundos científico, empresarial y cultural, desafiando las convenciones sobre lo que significa ser creativo. Al principio, muchos veían la Inteligencia Artificial simplemente como una herramienta, un instrumento para automatizar tareas. A día de hoy, estas máquinas inteligentes no sólo son capaces de resolver complejas ecuaciones o gestionar enormes bases de datos; están empezando a dar muestras de una especie de creatividad, adentrándose en dominios que antes se creían coto exclusivo de la mente humana.

En el mundo del arte, por ejemplo, los algoritmos de aprendizaje automático son ahora capaces de generar pinturas, composiciones musicales e incluso poemas. Cabe preguntarse si estas obras son realmente "creativas" o simplemente el resultado de complejos cálculos estadísticos. La cuestión es controvertida y suscita profundas reflexiones sobre la esencia misma de la creatividad. ¿Es un proceso que puede descomponerse en datos y algoritmos, o existe un quid inefable, irreductible a fórmulas matemáticas?

La creatividad humana tiene su propia complejidad, un entretejido de experiencias, emociones y conocimientos que escapa a un simple planteamiento computacional. El ser humano se nutre de un mosaico de influencias culturales, interacciones sociales y percepciones personales para crear algo nuevo y único. En comparación, la Inteligencia Artificial carece de esta profundidad y variedad de experiencias; está confinada a los datos que se le han dado y a los algoritmos que la gobiernan.

Pero el futuro está abierto a posibilidades fascinantes. A medida que la tecnología evoluciona, se perfila en el horizonte una nueva clase de sistemas de IA dotados de una forma de "imaginación computacional". Se trata de algoritmos capaces de "imaginar" escenarios futuros, formular hipótesis o generar ideas originales a partir de los datos disponibles. Podría surgir una colaboración simbiótica entre el hombre y la máquina, en la que la Inteligencia Artificial actuara como amplificador de nuestras capacidades creativas en lugar de como sustituto.

Sin embargo, hay que tener en cuenta barreras éticas y filosóficas. Por ejemplo, ¿a quién pertenecen los derechos de autor de una obra de arte generada algorítmicamente? ¿Es ético utilizar la IA para crear música o arte que pueda tener un impacto emocional en los seres humanos? ¿Y si las máquinas empiezan a "pensar" de un modo que no podemos entender, desarrollando una forma de creatividad ajena e insondable para la mente humana?

Estos dilemas nos obligan a reevaluar nuestras ideas preconcebidas sobre la creatividad y a reconsiderar el papel que podría desempeñar la Inteligencia Artificial en el futuro del pensamiento creativo. Mientras seguimos avanzando en el campo de la Inteligencia Artificial, debemos proceder con cautela y conciencia, teniendo siempre presente el inestimable valor de la creatividad humana. Y quizás, sólo al hacerlo, podamos descubrir nuevas verdades sobre la naturaleza de la creatividad en sí misma, ya sea humana o artificial.

CAPÍTULO 2: LOS FUNDAMENTOS DE LA IA CREATIVA.

Dentro del vasto mundo de la inteligencia artificial, hay un rincón en particular que sigue asombrando y fascinando a expertos y profanos por igual: la IA creativa. A primera vista, creatividad y algoritmos pueden parecer dos conceptos diametralmente opuestos, como el blanco y el negro en la paleta de un pintor. Pero al igual que el pintor mezcla colores para crear matices inesperados, la IA creativa combina el rigor matemático y la libre expresión para generar resultados sorprendentes.

Situada en la intersección del arte y la ciencia, la IA Creativa no se limita a emular o replicar la creatividad humana, sino que ofrece una nueva forma de pensar sobre el propio proceso creativo. Esto es posible gracias a una subcategoría de algoritmos conocidos como "algoritmos generativos", que están diseñados para producir algo nuevo a partir de un conjunto de datos o reglas de entrada. Ya sea texto, imágenes, música o cualquier otra forma de arte, los algoritmos generativos están abriendo nuevas fronteras en la comprensión de lo que significa ser verdaderamente creativo.

Para entender el poder de los algoritmos generativos, es esencial comprender la diferencia entre modelos generativos y modelos discriminativos, los dos grandes campos en los que se dividen los algoritmos de aprendizaje automático. Mientras que los modelos discriminativos se centran en etiquetar o clasificar datos -por ejemplo, identificar si una imagen contiene un gato o un perro-, los modelos generativos van más allá. Tratan de entender cómo se generaron los datos, abriendo así la puerta a la creación de nuevos datos que compartan las mismas características.

Imaginemos a un artista que estudia el efecto de la luz sobre diversos materiales y luego pinta un cuadro que capta esa luz de forma realista. Del mismo modo, un algoritmo generativo "estudia" datos de entrada, como notas musicales o píxeles de una imagen, para "pintar" algo completamente nuevo pero estéticamente coherente con el material original.

Las aplicaciones son infinitas y trascienden los límites del arte. En la industria, por ejemplo, los algoritmos generativos se utilizan para crear diseños optimizados de productos que, de otro modo, habrían requerido incontables horas de trabajo humano. En medicina, pueden generar estructuras moleculares para nuevos fármacos. Y, por supuesto, en el mundo del arte digital, están cambiando nuestro concepto de autoría y propiedad intelectual.

Esa es la magia de la IA creativa: su capacidad para superar los límites de lo que consideramos posible, tanto en términos de estética como de utilidad práctica. No se trata sólo de automatización o mejora incremental, sino de una revolución en la forma en que generamos y pensamos la creatividad. Con cada algoritmo perfeccionado, con cada nueva aplicación descubierta, se perfila cada vez con más claridad un futuro en el que humanos y máquinas colaboran no sólo para resolver problemas, sino también para explorar nuevas dimensiones de la imaginación y la inspiración. Así, la IA creativa y los algoritmos generativos no son meras herramientas en manos de artistas o ingenieros; son ventanas abiertas a mundos aún por descubrir, que invitan a cada uno de nosotros a mirar más allá del horizonte conocido para preguntarse: "¿Qué más es posible?".

En un mundo en el que la inteligencia artificial (IA) está penetrando en todos los campos, la idea de "IA creativa" puede parecer, a primera vista, un oxímoron. La creatividad suele considerarse una prerrogativa exclusivamente humana, un ámbito en el que las máquinas nunca podrían aspirar a entrar. Sin embargo, nos encontramos en la confluencia de la ingeniería y el arte, donde algoritmos y redes neuronales tratan de simular, y en algunos casos amplificar, el impulso creativo humano.

Explorar la IA creativa requiere comprender las redes neuronales y el aprendizaje profundo, las tecnologías básicas que impulsan esta forma de inteligencia artificial. Una red neuronal es un sistema de algoritmos que intenta reconocer patrones subyacentes interpretando datos brutos mediante el proceso de aprendizaje automático. Las redes neuronales están estructuradas de forma similar al cerebro humano, con nodos interconectados o "neuronas" que transmiten señales. Una red neuronal de aprendizaje profundo, o red neuronal profunda, es una variante compleja que utiliza múltiples capas de estas neuronas para interpretar los datos.

La potencia del aprendizaje profundo reside en su capacidad para aprender de forma autónoma a partir de los datos, en lugar de seguir instrucciones programadas. Esto la hace ideal para generar creatividad artificial. Un ejemplo de ello es la generación de imágenes o música. En estos escenarios, la red neuronal "aprende" a partir de un conjunto de datos de entrenamiento compuesto por ejemplos del tipo de salida que deseamos generar. Al abrir la puerta a la variabilidad y la interpretación, la red puede generar resultados que, aunque se basen en el conjunto de datos original, sean únicos.

Cuando hablamos de IA creativa surgen cuestiones éticas y filosóficas. Por ejemplo, ¿puede un algoritmo tener realmente un acto de imaginación? Y si es así, ¿a quién pertenecen los derechos de esa obra de arte o música generada? Son preguntas que no tienen fácil respuesta, pero que estimulan a seguir pensando en lo que significa ser creativo y, más en general, en lo que significa ser humano en una era dominada por la inteligencia artificial.

Pero la IA creativa no se limita sólo al mundo del arte y la cultura. Imaginemos un sistema de IA capaz de diseñar nuevos fármacos o materiales avanzados, aprovechando su "creatividad" para descubrir combinaciones de moléculas que los científicos quizá aún no hayan considerado. O piense en un asistente virtual que no sólo organice su calendario, sino que lo haga de una forma tan intuitiva y personal que casi parezca una extensión de su pensamiento.

Para comprender plenamente la IA creativa, es esencial no sólo estudiar sus aplicaciones prácticas, sino también sumergirse en el debate ético y filosófico que la rodea. Mientras diseñadores, ingenieros y artistas siguen ampliando los límites de lo que la IA puede hacer, nos corresponde a nosotros, como sociedad, reflexionar sobre las implicaciones de esta revolucionaria forma de inteligencia y la responsabilidad que tenemos en la configuración de su camino.

La IA creativa no es un mero ejercicio de programación o ingeniería. Es una fascinante intersección de arte y ciencia, un territorio inexplorado en el que la máquina y el ser humano colaboran para dar a luz algo que es más que la suma de sus partes. Si la IA tradicional se centra en la optimización y la eficiencia, la IA creativa se centra en la innovación y la originalidad.

A menudo, el primer paso para adentrarse en el mundo de la inteligencia artificial creativa es seleccionar las herramientas y el software adecuados. Muchos podrían pensar que se trata de un mero acto técnico, casi como elegir el pincel adecuado para un cuadro. Pero la realidad es que las herramientas y el software pueden dar forma al tipo de creatividad que será posible expresar.

Tomemos, por ejemplo, software como TensorFlow o PyTorch. Se trata de marcos de aprendizaje profundo que ofrecen una amplia gama de algoritmos preempaquetados y bibliotecas para facilitar el desarrollo. Pero lo realmente emocionante es que ofrecen una flexibilidad increíble, lo que permite a los desarrolladores explorar nuevas arquitecturas neuronales y métodos de optimización que pueden diseñarse específicamente para tareas creativas. Esa es la belleza de la IA creativa: no está limitada por los parámetros de una sola aplicación o industria.

Otra herramienta clave de la IA creativa es la Red Generativa Adversarial (GAN). Estos modelos tienen la capacidad de "imaginar" nuevas entidades basándose en los datos con los que han sido entrenados. Por ejemplo, si se les da un conjunto de cuadros de Monet, pueden generar nuevas obras de arte que capten el estilo y la esencia del maestro, pero que sean obras originales por derecho propio. Esto tiene aplicaciones extraordinarias, desde la creación de nuevos diseños para la moda hasta la simulación de entornos para la realidad virtual.

Por otro lado, herramientas como GPT-3 han abierto la puerta a la creatividad textual. Escritores, periodistas e incluso compositores están empezando a utilizar estos modelos para generar contenidos que pueden ser tan emotivos y convincentes como los creados por humanos. La fascinación reside en el modo en que estas máquinas pueden asimilar una enorme cantidad de información y producir algo nuevo, algo más allá de la mera réplica.

Pero no todo está ligado a la tecnología pura. El factor humano sigue siendo indispensable. Las herramientas y los programas informáticos son sólo medios a través de los cuales expresar una visión, una idea o un concepto. Sin la guía experta de una persona que comprenda tanto el arte como la ciencia de la creatividad, incluso la inteligencia artificial más sofisticada se verá limitada. Y ahí reside la verdadera magia de la inteligencia artificial creativa: en la sinergia entre la capacidad de la máquina para procesar datos con eficacia y la intuición humana para la belleza, la emoción y el significado.

Así que mientras exploramos herramientas y software, tengamos en cuenta que son sólo el punto de partida. La verdadera aventura comienza cuando aceptamos el diálogo permanente entre la creatividad humana y las infinitas posibilidades que ofrece la tecnología. Es un viaje que promete reescribir las reglas no sólo de lo que las máquinas pueden hacer, sino también de lo que la humanidad puede llegar a ser.

En el panorama tecnológico actual, la inteligencia artificial (IA) se ha convertido en una palabra de moda que ocupa titulares, pantallas de conferencias y mesas de juntas. Aunque son muchos los que hablan de algoritmos y datos, pocos captan un matiz fundamental de la IA: su capacidad de ser creativa. Sí, ha leído bien. Los algoritmos pueden programarse no sólo para realizar cálculos o ejecutar operaciones lógicas, sino también para generar contenidos originales, resolver problemas de forma innovadora e incluso componer música o arte.

En el corazón de la IA creativa están los llamados algoritmos generativos, mecanismos computacionales diseñados para producir algo nuevo. Por ejemplo, las redes neuronales generativas pueden crear imágenes realistas a partir de cero, mientras que los algoritmos de aprendizaje por refuerzo pueden inventar estrategias para ganar en juegos complejos como el Go o el ajedrez, que requieren un alto grado de inventiva estratégica. Es un mundo fascinante que se revela más allá de los números y las estadísticas, y en el que la IA desafía nuestras concepciones tradicionales de creatividad e innovación.

Esto abre un abanico de posibilidades en términos de aplicación práctica. Tomemos, por ejemplo, la industria farmacéutica. Aquí, la IA creativa puede ayudar a identificar nuevas moléculas o combinaciones de fármacos con mayor eficacia y menos efectos secundarios. Imaginemos un algoritmo que "imagine" una molécula novedosa, analice su estructura, la pruebe en simulaciones virtuales y, por último, sugiera a científicos humanos que la sinteticen para seguir probándola. Esto no sólo acelera el proceso de descubrimiento, sino que también allana el camino para tratamientos más eficaces y seguros.

En las artes, la IA creativa es ya una realidad en evolución. Los algoritmos ya pueden generar obras de arte, componer piezas musicales e incluso escribir cuentos. Y no se trata de una simple réplica o modificación de lo ya existente; estos sistemas son capaces de crear algo completamente nuevo, siguiendo los principios estéticos o narrativos establecidos por sus creadores humanos. Del mismo modo, en el mundo del diseño y la arquitectura, los algoritmos generativos se utilizan para idear diseños únicos, optimizar el uso del espacio e incluso simular el impacto medioambiental de nuevos edificios antes de que se construyan.

Sin embargo, un gran poder conlleva también una gran responsabilidad. A medida que exploramos el potencial de la IA creativa, también debemos considerar las implicaciones éticas y sociales. ¿A quién pertenecen los derechos de autor de una obra de arte generada algorítmicamente? ¿Cómo podemos garantizar que la creatividad artificial no se utilice con fines maliciosos o manipuladores? Son cuestiones que requieren una reflexión profunda y un debate abierto entre científicos, artistas, filósofos y legisladores.

La IA creativa no es sólo un concepto académico o una curiosidad tecnológica; es un campo emergente que promete revolucionar nuestra forma de trabajar, de crear e incluso de vivir. Desde el desarrollo de nuevos fármacos hasta la composición de sinfonías, desde la optimización de los sistemas de transporte hasta el enriquecimiento de nuestras experiencias culturales, las aplicaciones son tan vastas como fascinantes. Pero para navegar por este territorio inexplorado con sabiduría e integridad, es fundamental comprender no sólo cómo funciona la IA creativa, sino también cuáles son sus limitaciones, riesgos e increíbles oportunidades. Por eso la educación y la reflexión crítica sobre este tema son más importantes que nunca.

La inteligencia artificial, o IA, se asocia a menudo con tareas rigurosamente analíticas y matemáticas, desde el diagnóstico médico a la gestión del tráfico automovilístico. Pero uno de los ámbitos más fascinantes del desarrollo de la IA es el de la creatividad. Sí, estamos hablando de algoritmos que pueden pintar, componer música, escribir poesía e incluso idear nuevos diseños. Adentrémonos en el corazón palpitante de esta apasionante frontera examinando los fundamentos de la IA creativa y el papel crucial de los datos y la aportación creativa.

Es fundamental comprender que la IA creativa no surge en un vacío aislado; es una hábil combinación de modelos matemáticos, representaciones de datos y algoritmos de aprendizaje. Una de las primeras preguntas que surgen es: ¿cómo puede ser "creativo" un ordenador, una máquina diseñada para realizar cálculos? La respuesta reside en gran medida en la complejidad y flexibilidad de los algoritmos de aprendizaje profundo. Estos algoritmos no se limitan a aprender patrones rígidos; están diseñados para asimilar y procesar información de una forma mucho más parecida a la humana. Con los datos de entrenamiento adecuados, pueden "aprender" a realizar cambios, innovar e incluso sorprender.

Aquí es donde entra en juego la importancia de los datos y la aportación creativa. En la IA tradicional, los datos suelen ser números, estadísticas u otras formas de información cuantificable. En la IA creativa, los datos adoptan un cariz completamente distinto. Hablamos de las pinceladas de un lienzo, las notas musicales de una sinfonía o incluso los sutiles tonos emocionales de un poema. Estos datos "creativos" proporcionan el terreno fértil en el que la IA puede sembrar las semillas de la creatividad. Sin un conjunto de datos bien seleccionados y muy específicos, incluso el modelo de aprendizaje profundo más avanzado será estéril en términos de capacidad creativa.

Pero aún hay más. Una vez que el modelo de IA ha asimilado estos datos, el siguiente paso es la interpretación y manipulación creativas de los mismos. Tomemos, por ejemplo, un algoritmo de IA que crea arte visual. Una vez entrenado con miles de cuadros, desde pinturas clásicas a obras contemporáneas, el algoritmo puede empezar a generar imágenes que incorporen elementos de diferentes estilos, creando algo completamente nuevo, aunque notablemente familiar.

No olvidemos, sin embargo, que la IA creativa no es una entidad aislada; es una colaboración entre el hombre y la máquina. Artistas, músicos y creativos de todo tipo pueden utilizar la IA como herramienta para ampliar sus capacidades, para explorar nuevos horizontes artísticos que de otro modo serían inaccesibles. Aquí es donde la cosa se pone realmente interesante: cuando la IA creativa se convierte en un amplificador de la creatividad humana, en lugar de sustituirla.

El camino hacia una verdadera IA creativa está plagado de retos éticos y filosóficos. ¿A quién pertenecen los derechos de una obra de arte generada algorítmicamente? ¿Cuál es el valor intrínseco de una composición musical generada por una máquina? Estas son las cuestiones a las que se enfrentará la sociedad en su conjunto a medida que la IA creativa siga evolucionando y difuminando los límites entre ingeniería y arte, ciencia y creatividad.

Así pues, a medida que nos sumergimos en la era de la IA creativa, es imperativo que miremos más allá de la mera mecánica de los algoritmos y nos centremos en el corazón de la experiencia humana: la capacidad de crear, de innovar y de expresarnos de formas que trascienden el código y la computación. Es un viaje que nos obligará a reconsiderar nuestras propias definiciones de arte, creatividad y, en última instancia, lo que significa ser humano.

CAPÍTULO 3: LA IA EN LA MÚSICA

En el panorama artístico contemporáneo, la inteligencia artificial es cada vez más protagonista, una especie de virtuoso que se une a compositores y arreglistas para crear nuevas armonías. No estamos hablando de una mera herramienta de apoyo, sino de un interlocutor artístico capaz de sugerir pistas creativas, cambiar paradigmas estéticos y desafiar las convenciones de la tradición musical.

Si nos desprendemos por un momento de la idea preconcebida de que el arte es dominio exclusivo de la intuición y el alma humanas, podemos descubrir cómo la inteligencia artificial, a través de algoritmos y aprendizaje automático, está empezando a descodificar los complejos patrones matemáticos y estructuras armónicas que subyacen en la música. La IA puede analizar la frecuencia, el ritmo, la melodía e incluso el timbre de una composición, procesando los datos con tal detalle que resulta posible generar nuevas piezas musicales o sugerir variaciones sobre temas ya existentes.

Pensemos en las modernas DAW (estaciones de trabajo de audio digital) que incorporan funciones basadas en IA para ayudar en la mezcla de audio o la selección de instrumentos. Un arreglista puede utilizar estas tecnologías para mejorar la acústica de una pieza, consiguiendo a menudo resultados cercanos a la perfección técnica, algo que requeriría horas de trabajo manual y considerables conocimientos técnicos.

En el campo de la composición, hay algoritmos que pueden generar estructuras musicales a partir de un conjunto de reglas o una base de datos de composiciones preexistentes. Algunos de estos programas pueden incluso "aprender" el estilo de un compositor concreto y generar música que emule esa estética. El atractivo reside en que, a medida que la máquina aprende, también puede sugerir pistas que podrían no ser inmediatamente obvias para los humanos, precisamente porque la IA está libre de los sesgos culturales y las limitaciones sensoriales que caracterizan la percepción humana.

Sin embargo, la colaboración entre la inteligencia artificial y la creatividad humana plantea algunas cuestiones éticas y filosóficas. ¿A quién pertenecen los derechos de autor de una composición generada por IA? ¿Puede considerarse realmente a la máquina "coautora"? ¿Y qué hay del temor, a veces expresado, de que la inteligencia artificial pueda "sustituir" al compositor humano?

No es fácil responder a estas preguntas. Quizá el verdadero potencial de esta sinergia resida en la creación de un diálogo fructífero entre el ser humano y la máquina, una especie de dúo en el que cada "músico" aporte sus propias habilidades únicas. En este escenario, la IA no es una mera herramienta ni un sustituto, sino un verdadero socio creativo.

Es una era fascinante para la música, una época de experimentación y descubrimiento, en la que las fronteras entre tecnología y arte son cada vez más permeables. La inteligencia artificial no es sólo una herramienta: es una nueva lente a través de la cual explorar el vasto y complejo universo de la composición y los arreglos musicales, un universo en el que la suma de las partes puede, de hecho, superar todas las expectativas.

En la intersección del arte y la ciencia, la inteligencia artificial está revolucionando el mundo de la música de un modo impensable hace tan sólo unos años. Este desarrollo tecnológico ha abierto las puertas a nuevas formas de expresión artística, exploración y análisis, cambiando radicalmente no sólo cómo se produce la música, sino también cómo se interpreta y estudia.

Pensemos por un momento en los algoritmos de aprendizaje automático, que hoy pueden escanear un catálogo entero de música y analizarlo para comprender sus elementos constitutivos, desde los timbres vocales hasta las estructuras melódicas y rítmicas. Este tipo de análisis detallado tiene inmensas implicaciones para la investigación musicológica. Por ejemplo, los algoritmos pueden descubrir influencias y tendencias entre artistas y géneros, revelando conexiones ocultas y enriqueciendo así nuestra comprensión de la historia de la música. Los estudiosos pueden utilizar esta información para descubrir y volver a analizar la evolución de un estilo o la progresión de un artista, todo ello con una precisión y rapidez sin precedentes.

Pero la inteligencia artificial no se limita al simple análisis. También está cambiando la forma de crear música. Los algoritmos de composición basados en IA están abriendo nuevas fronteras a la creatividad musical. Generan melodías, armonías e incluso canciones enteras a partir de datos de entrenamiento, que pueden incluir una amplia gama de fuentes, desde grandes maestros clásicos hasta éxitos contemporáneos. Esto crea un entorno fértil para la innovación, en el que músicos y compositores pueden colaborar con la IA para explorar nuevos sonidos y estructuras. De este modo, la IA se convierte casi en un compositor o músico más, ampliando las posibilidades creativas en lugar de sustituir al toque humano.

Además, las técnicas de IA también están mejorando la recomendación y personalización de la música. Plataformas de streaming como Spotify utilizan sofisticados algoritmos para analizar las preferencias de los oyentes y sugerirles canciones que podrían gustarles, creando así una experiencia musical más atractiva y personalizada. Estos algoritmos también pueden descubrir talentos emergentes, dándoles una plataforma y una audiencia que de otro modo no tendrían.

Sin embargo, es fundamental tener en cuenta las implicaciones éticas y filosóficas de esta revolución. El uso de la tecnología para crear o analizar arte plantea cuestiones sobre los derechos de autor, la originalidad y lo que realmente significa ser un artista en la era digital. Algunos sostienen que la colaboración con la IA podría diluir el valor intrínseco de la expresión artística humana. Pero este punto de vista tiende a ignorar el hecho de que la IA es simplemente una herramienta, un medio a través del cual los artistas pueden explorar nuevas cotas de creatividad.

La sinergia potencial entre la inteligencia artificial y la música representa, pues, un campo de investigación que merece una reflexión profunda y un estudio continuo. Cada descubrimiento e innovación en este espacio abre nuevas preguntas y posibilidades. No se trata sólo de cómo la tecnología cambiará la música, sino de cómo esta colaboración sin precedentes entre el hombre y la máquina puede elevar el propio arte a nuevos niveles de complejidad y belleza. Lo que es seguro es que la fusión de la IA con la música está creando un paisaje increíblemente dinámico y en constante evolución que seguirá influyendo e inspirando a generaciones de artistas, investigadores y oyentes.

La fusión de la inteligencia artificial y la música es un campo apasionante y en constante evolución, una unión de ciencia y arte que tiene el potencial de redefinir tanto nuestra forma de entender la música como nuestro enfoque del aprendizaje automático. No estamos hablando simplemente de algoritmos que generan listas de reproducción personalizadas o recomiendan canciones basándose en nuestras escuchas anteriores. La frontera es mucho más amplia, y una de las áreas más intrigantes es la IA performativa, o inteligencias artificiales capaces de actuar de forma dinámica y reactiva.

Imaginemos un conjunto musical compuesto no sólo por músicos humanos, sino también por agentes de IA capaces de improvisar en tiempo real, adaptarse al flujo emocional de la actuación y colaborar con los intérpretes humanos como auténticos compañeros de escenario. No se trata de un cuento de ciencia ficción, sino de una realidad emergente. Este tipo de herramientas de IA no sólo pueden interpretar partituras, sino también "oír" y "responder" a los músicos humanos, gracias a sofisticados modelos de aprendizaje automático que analizan el timbre, el ritmo y la dinámica de los sonidos en tiempo real.

Una de las aplicaciones más fascinantes de la IA performativa es la posibilidad de ampliar los límites de la composición musical. Cada artista trae consigo una gran cantidad de influencias, estilos y técnicas, pero un agente de IA puede aprovechar una base de datos casi infinita de información musical, lo que da lugar a sinergias inesperadas e invasiones entre géneros. La IA puede sugerir progresiones armónicas inusuales, estructurar nuevos tipos de arreglos o incluso crear piezas enteras a partir de simples fragmentos musicales proporcionados por el humano.

Esto también repercute en la pedagogía musical. El uso de la IA performativa como herramienta de enseñanza abre un mundo de oportunidades para los estudiantes, que pueden beneficiarse de una respuesta inmediata y personalizada. Al mismo tiempo, los profesores pueden utilizar estas herramientas para comprender mejor los puntos fuertes y débiles de sus alumnos, individualizando las lecciones de forma mucho más eficaz de lo que permiten los métodos tradicionales.

Sin embargo, la convergencia de la IA y la música no está exenta de problemas éticos y filosóficos. ¿Qué lugar ocupa el artista humano en este nuevo ecosistema? ¿Cómo percibe el público una actuación en la que no todos los "músicos" tienen cuerpo físico o emociones? Y, lo que es aún más fundamental, ¿puede el arte generado por un algoritmo considerarse realmente "arte" en el sentido tradicional del término?

Las respuestas a estas preguntas distan mucho de ser sencillas y están alimentando un debate cada vez más acalorado entre musicólogos, informáticos y filósofos. Pero una cosa es cierta: la inteligencia artificial ya ha dejado una huella indeleble en el mundo de la música y seguirá haciéndolo, abriendo vías inexploradas y planteando cuestiones a las que nunca pensamos que tendríamos que enfrentarnos. La frontera entre tecnología y arte se ha hecho más permeable que nunca, y las posibilidades parecen infinitas. Así que mientras escuchamos la armonía producida por la simbiosis entre siliconas y cuerdas vocales, queda por ver cómo esta inesperada aventura cambiará nuestra forma de crear, escuchar y experimentar la música.

La convergencia de la inteligencia artificial y el mundo de la música ha creado un paisaje sonoro tan fascinante como lleno de incógnitas legales y éticas. Este encuentro de mundos aparentemente diferentes está generando innovaciones que van desde la composición a la distribución, afectando profundamente a cómo percibimos la propiedad intelectual y los derechos de autor.

Para comprender el fenómeno, es esencial trazar el horizonte de la intervención de la IA en la industria musical. Los algoritmos, impulsados por potentes técnicas de aprendizaje automático, pueden ahora crear melodías, armonías e incluso letras. La producción musical, antaño dominio exclusivo del ingenio humano, se encuentra ahora en una zona gris, donde la originalidad es una mezcla de ingeniería algorítmica y expresión humana. Algunas plataformas, como Amper Music o AIVA, ya utilizan la IA para componer pistas musicales originales. Pero, ¿qué ocurre cuando un algoritmo genera una melodía que se parece a una pieza ya existente y protegida por derechos de autor?

Un primer punto a considerar es la cuestión de la propiedad. Si un algoritmo crea una canción, ¿a quién pertenecen los derechos de esa composición? ¿Es el programador que escribió el algoritmo? ¿O el usuario que proporcionó los datos de entrada? ¿O tal vez nadie, ya que un algoritmo no puede, legalmente, poseer propiedad intelectual? Estas preguntas nos adentran en un terreno jurídico inexplorado, en el que la normativa vigente se esfuerza por ofrecer respuestas satisfactorias.

La inseguridad jurídica se extiende también a la distribución. Plataformas de streaming como Spotify o Apple Music utilizan algoritmos de recomendación para sugerir canciones a los usuarios, configurando así el consumo de música e, indirectamente, los ingresos de los artistas. Esto plantea la cuestión de si tales algoritmos deben diseñarse para ser más transparentes o éticamente responsables, especialmente cuando pueden favorecer o penalizar a determinados artistas o géneros.

Pero eso no es todo. La IA también ofrece herramientas para controlar y gestionar los derechos de autor de forma más eficaz. Tecnologías como la huella digital de audio pueden identificar automáticamente la música protegida por derechos de autor y garantizar que los artistas reciban la compensación adecuada cuando su música se utiliza en podcasts, vídeos u otros medios. Sin embargo, el reto consiste en garantizar que estas tecnologías se utilicen de forma justa y no se conviertan en herramientas de vigilancia excesiva o restricción de la libertad artística.

El rápido e imparable desarrollo de la inteligencia artificial en la música nos plantea una serie de dilemas que requieren una cuidadosa consideración. No se trata sólo de quién posee los derechos de una canción, sino también de cómo se ejercen y protegen esos derechos en un ecosistema cada vez más digitalizado y globalizado. Y lo que es más importante, se trata de la propia naturaleza del arte y la creatividad, y de cómo pueden coexistir e interactuar con las posibilidades aparentemente infinitas que ofrece la tecnología. Así pues, mientras disfrutamos de las increíbles innovaciones que la IA está aportando al mundo de la música, nos corresponde abordar estas complejas cuestiones jurídicas y éticas con la seriedad y profundidad que merecen.

La inteligencia artificial ha abierto nuevos caminos en infinidad de campos, pero su incursión en el mundo de la música tiene un sabor especial, casi una anomalía armoniosa. Tradicionalmente, la música se ha considerado el último bastión de la creatividad humana, una forma de arte tan inherentemente emocional que la sola idea de automatizarla parecía herética. Pero, como ocurre con muchas otras herejías, ésta ha sido sometida a un riguroso escrutinio y, en muchos casos, aceptada y celebrada por su carácter distintivo y sus aportaciones.

Imagine por un momento un compositor invisible que trabaja las veinticuatro horas del día generando melodías y armonías a golpe de clic. Esto no es una escena de una película de ciencia ficción, sino una realidad que ofrecen aplicaciones como AIVA, que utiliza algoritmos de aprendizaje profundo para componer música original. La sofisticación de estas herramientas es tal que la composición generada puede ser indistinguible de la creada por manos humanas. AIVA incluso ha sido acreditado como compositor en bandas sonoras de películas y videojuegos, convirtiendo lo que antes era territorio exclusivamente humano en un espacio compartido de creatividad.

Pero la composición es sólo la punta del iceberg. Pensemos en el análisis de big data para descubrir nuevos talentos. Plataformas como Spotify utilizan sofisticados algoritmos para analizar los patrones de escucha y predecir qué canciones o artistas se convertirán en los próximos éxitos. Esto no sólo da a los artistas desconocidos la oportunidad de darse a conocer, sino que también mejora la experiencia del usuario, que se ve expuesto a música que probablemente le encantará pero que no habría descubierto de otro modo.

Mientras los algoritmos nos ayudan a descubrir nueva música, las herramientas de IA en la producción musical están democratizando el proceso creativo. Programas como DADABOTS utilizan redes neuronales para crear música de estilos específicos. Con estas herramientas, incluso quienes no tienen formación musical pueden producir temas de alta calidad. Esto nivela el campo de juego, permitiendo a más personas expresar su creatividad sin la barrera de la formación musical formal.

No menos importante es la forma en que la IA está cambiando la interacción con la música. Asistentes virtuales como Alexa o Siri ahora pueden entender y responder a peticiones musicales complejas, como "reproducir una canción triste de la década de 1980." Además, los chatbots musicales pueden ayudar a los usuarios a encontrar la música adecuada para su estado de ánimo o actividad, convirtiendo la música en una experiencia aún más personalizada e interactiva.

Y mientras exploramos estos cambios, es fundamental reflexionar sobre lo que significa para nuestro concepto del arte y la creatividad. La inteligencia artificial en la música no es un sustituto, sino un complemento de la creatividad humana. Ofrece nuevas herramientas y posibilidades, ampliando el tejido de nuestra expresión artística. Como en cualquier otro campo transformado por la IA, el verdadero potencial se revelará cuando aprendamos a coexistir y colaborar con estas herramientas, en lugar de verlas como antagonistas. Y es en esta simbiosis donde reside el brillante y armonioso futuro de la IA en la música.

CAPÍTULO 4: LA IA EN LAS ARTES VISUALES

La intersección de la inteligencia artificial y las artes visuales es uno de los terrenos más fértiles y menos explorados de la innovación contemporánea. Por un lado, tenemos el arte, una expresión incondicional de la experiencia humana que ha evolucionado a lo largo de los siglos, adoptando formas tan diversas como la pintura, la escultura y el dibujo. Por otro, la inteligencia artificial, una frontera tecnológica en rápido desarrollo que parece dominio exclusivo de matemáticos e ingenieros. Pero, ¿qué ocurre cuando estas dos esferas se encuentran?

La respuesta es tan sorprendente como fascinante. En la actualidad, varias plataformas de IA son capaces de generar obras de arte visual prácticamente indistinguibles de las creadas por artistas humanos. Algoritmos como las Redes Generativas Adversariales (GAN) son capaces de aprender de un conjunto de datos formado por obras de arte existentes y crear nuevas obras basadas en este aprendizaje. Sin embargo, la pregunta que surge es: ¿pueden estas creaciones considerarse realmente arte? La respuesta no es sencilla e implica diversos factores, como la intencionalidad, la emoción y la percepción cultural.

Veamos la cuestión de la "creatividad" en la pintura. En una pintura humana, cada pincelada está cargada de intencionalidad. El artista decide conscientemente cada aspecto del cuadro, desde el uso del color hasta el juego de luces y sombras. En el caso de la IA, la "decisión" se deja a una serie de cálculos matemáticos.

Algunos podrían argumentar que esto aleja un elemento vital de la definición tradicional de arte, pero otros ven en ello una nueva forma de creatividad, una especie de colaboración entre el hombre y la máquina que podría conducir a horizontes inimaginables.

No olvidemos el dibujo, a menudo considerado el pariente más humilde de la pintura, pero igual de poderoso en su impacto visual y emocional. Ya existen algoritmos de IA especializados en dibujo, capaces de emular estilos que van desde simples bocetos a retratos detallados. De nuevo, la cuestión de la creatividad es clave. Mientras que un dibujante humano puede pasar horas, días o incluso años perfeccionando una sola obra, un algoritmo puede generar cientos de dibujos en una fracción de segundo. Esto plantea preguntas incómodas sobre el valor y la rareza del arte en una era dominada por la tecnología.

Uno de los aspectos más fascinantes es la posible democratización del arte visual a través de la IA. Las barreras económicas que a menudo impiden el acceso a los materiales artísticos pueden superarse con el uso de plataformas de IA accesibles, permitiendo a cualquiera con un ordenador crear obras de arte. Por supuesto, esto podría tener implicaciones para el ecosistema artístico tradicional, pero también abre una puerta a infinitas posibilidades de expresión para personas que de otro modo no tendrían la oportunidad de explorar su potencial artístico.

La combinación de inteligencia artificial y arte visual es un campo floreciente que ya está cambiando la forma en que concebimos la creatividad, la expresión e incluso la identidad. Aunque algunas cuestiones éticas y filosóficas siguen abiertas, una cosa es cierta: la intersección de la IA y el arte está difuminando los límites entre el ser humano y la máquina, y en este contexto ambiguo reside una nueva forma de belleza, lista para ser descubierta y apreciada.

Las tenues luces de una galería de arte proyectan suaves sombras sobre una serie de lienzos enmarcados. Sin embargo, para el ojo agudo, algo es diferente. Detrás de cada obra hay una serie de algoritmos, una secuencia de códigos, una red neuronal artificial. Estamos en la encrucijada del arte y la inteligencia artificial, donde máquinas y humanos se encuentran no para competir, sino para colaborar en la creación de algo extraordinario.

En el arte visual, la inteligencia artificial se utiliza para generar paisajes oníricos y retratos detallados que serían casi imposibles de distinguir de obras creadas por humanos. Mediante un análisis detallado del contexto y los temas, estas IA son capaces de crear obras que no sólo fascinan estéticamente, sino que desafían nuestra comprensión del propio arte. Pueden analizar cientos de años de historia del arte, asimilar diferentes estilos y, a continuación, utilizar esta información para generar obras completamente nuevas que sigan impregnadas de la sensibilidad artística de la humanidad.

En cuanto a la escultura, la inteligencia artificial ofrece herramientas capaces de manejar la tridimensionalidad con un grado de precisión hasta ahora inimaginable. Pensemos en la posibilidad de hacer esculturas basadas en escaneos detallados de la forma humana o en complejos modelos matemáticos, que pueden hacerse realidad con la ayuda de impresoras 3D. Estas tecnologías permiten a los artistas superar las limitaciones físicas y explorar nuevos ámbitos de lo posible.

La IA no se limita a las representaciones estáticas, sino que también entra en el mundo de las instalaciones interactivas. En este contexto, no sólo crea, sino que "reacciona", adaptándose en tiempo real a los estímulos proporcionados por los visitantes. Estas instalaciones, alimentadas por sensores y cámaras, pueden cambiar de aspecto, sonido o incluso "comportamiento" en respuesta a las acciones de las personas presentes. Así, cada visitante se convierte en una especie de cocreador, y cada interacción representa una variable que la IA incorpora a su proceso continuo de aprendizaje y adaptación.

Esto es especialmente significativo cuando consideramos las

implicaciones éticas y filosóficas del uso de la IA en las artes. Por un lado, podría argumentarse que el arte generado por un algoritmo carece de la intencionalidad y emotividad que sólo puede aportar un ser humano. Por otro lado, hay quienes sostienen que la IA puede enriquecer el proceso creativo, ofreciendo nuevas perspectivas y empujando a los artistas a explorar terrenos inexplorados.

Lo que está claro es que la inteligencia artificial está reescribiendo las reglas del arte, desafiando nuestras nociones preconcebidas de lo que significa ser artista y de lo que es el arte en sí. Se podría decir que estamos viviendo una especie de renacimiento digital, en el que las barreras entre ciencia y arte son cada vez más difusas. En esta nueva era, la inteligencia artificial no es una mera herramienta en manos del artista, sino más bien un socio colaborador, que ayuda a llevar los límites de la imaginación humana a cotas nuevas e inesperadas.

El diálogo entre la inteligencia artificial y las artes visuales representa una sinergia emergente que desafía los límites tradicionales de la expresión creativa. El entrelazamiento de estas dos disciplinas abre un nuevo capítulo en la historia del arte, insertando una complejidad y un potencial innovador nunca vistos. Imaginemos un lienzo virtual que no es un simple espacio bidimensional sobre el que poner color, sino un entorno dinámico e interactivo que responde, aprende y evoluciona con el artista.

Más allá de la mera automatización de tareas como dibujar o colorear, la inteligencia artificial ofrece una nueva perspectiva, una especie de diálogo único con el artista. Por ejemplo, las técnicas de "transferencia de estilo" permiten aplicar el estilo de un pintor famoso a una fotografía u otro cuadro, generando resultados que oscilan entre lo puramente estético y lo profundamente evocador. No se trata sólo de un juego de formas y colores; es una celebración de la complejidad artística a través de la lente de las matemáticas y los algoritmos.

Pero este entrelazamiento de arte y tecnología también plantea cuestiones fundamentales sobre el papel del artista y la naturaleza del propio arte. En una realidad en la que un algoritmo puede generar composiciones visuales, ¿cuál es el papel del genio humano? Muchos ven en esta colaboración una oportunidad para ampliar los límites de la creatividad humana, más que una amenaza a la singularidad artística. El artista ya no es sólo un creador, sino que también se convierte en un comisario de ideas, un arquitecto de posibilidades algorítmicas, alguien que guía y dirige a la máquina en una danza colaborativa de creación.

Pensemos en la producción de arte digital. Aquí, las obras de arte ya no están limitadas por la fisicidad del lienzo o la química de los pigmentos. El arte digital explora nuevos medios, como la realidad virtual y aumentada, y ofrece experiencias inmersivas que van más allá de lo visual para involucrar todos los sentidos. Un retrato digital puede cambiar de expresión según el estado de ánimo de su espectador, o un paisaje virtual puede evolucionar con las estaciones, imitando o incluso anticipando los ciclos de la naturaleza.

La tecnología también ha democratizado el acceso al arte. Los algoritmos de aprendizaje automático pueden ayudar a personas sin formación artística a realizar composiciones sofisticadas, rompiendo las barreras tradicionales que separan a los "artistas" de los "no artistas". Al mismo tiempo, la inteligencia artificial está dando lugar a nuevas formas de arte que sólo existen en relación con ella, como las NFT, que aprovechan la tecnología blockchain para autenticar la singularidad de una obra de arte digital.

Sin embargo, mientras exploramos estas nuevas fronteras, es crucial reflexionar sobre cómo la inteligencia artificial puede influir en el discurso ético en el arte. La cuestión de la propiedad intelectual es más pertinente que nunca. ¿A quién pertenece el arte generado por la inteligencia artificial? ¿Es el artista que programó el algoritmo, la máquina que generó la obra o una combinación de ambos? ¿Y qué hay de la originalidad y la intención, conceptos tan arraigados en nuestra forma de entender el arte?

Navegar por estas aguas exige una comprensión holística no sólo de la programación y el diseño, sino también de las teorías estéticas, éticas y filosóficas que subyacen al arte. De este modo, la fusión de la inteligencia artificial y el arte visual no es sólo un ejercicio técnico o artístico, sino un viaje interdisciplinar que cuestiona la complejidad de nuestro mundo.

La inteligencia artificial está reinventando muchas esferas de la vida humana, y el arte no es una excepción a esta transformación. Quizás menos obvio, pero igualmente revolucionario, es el papel de la IA en la restauración y conservación de obras de arte. La conservación de las artes visuales es un reto complejo que requiere una combinación de conocimientos científicos, artísticos e históricos. Ahora, con la introducción de sofisticados algoritmos, podemos aportar soluciones más eficaces y menos invasivas a este proceso.

Imaginemos una situación en la que un cuadro histórico, quizá una obra maestra del Renacimiento, ha resultado dañado por las inclemencias del tiempo o por accidentes. Los expertos tradicionales utilizarían una serie de técnicas para restaurar la obra, desde exámenes químicos hasta métodos de limpieza suaves. Sin embargo, el alcance de lo que pueden hacer está limitado por la tecnología y la información de que disponen. Aquí es donde entra en juego la inteligencia artificial.

Un sistema de IA puede realizar un análisis detallado del cuadro, identificando los materiales utilizados, el estado de conservación e incluso los métodos de pintura originales. Esta información se convierte en una valiosa herramienta para el restaurador, que puede tomar decisiones informadas sobre cómo proceder. Por ejemplo, si el algoritmo identifica que se utilizó una pigmentación determinada en una zona dañada, el restaurador puede intentar reproducir ese color exacto en el proceso de restauración.

La IA no sólo puede ofrecer un análisis inicial detallado. Imaginemos un caso en el que una parte del cuadro esté tan dañada que resulte casi irreconocible. En este caso, la IA puede entrenarse para "predecir" el aspecto que tendría esa zona si hubiera permanecido intacta, basándose en otras partes conservadas de la obra o incluso en otras obras del artista. Este tipo de "relleno inteligente" podría dar lugar a una restauración más fiel a la intención original del artista.

Pero el alcance de la IA va más allá de la restauración física de obras. Hoy en día, la conservación se extiende también al mundo digital. Digitalizar una obra de arte es un proceso complejo que requiere atención al detalle para captar con precisión colores, texturas y matices. La inteligencia artificial puede mejorar este proceso, garantizando que la versión digital sea lo más parecida posible al original. Esto no sólo facilita el acceso al arte a un público mundial, sino que también crea un archivo digital que puede utilizarse para futuras tareas de restauración o investigación.

Al explorar estos nuevos horizontes, es fundamental reflexionar sobre la ética del uso de la IA en un contexto tan delicado. El objetivo debe ser siempre enriquecer la comprensión y la apreciación del arte, y no sustituir el ojo experto y la mano hábil del restaurador. De este modo, la tecnología puede convertirse en un complemento, y no en un sustituto, del talento y la habilidad humanos que han sido fundamentales en el mundo del arte durante tanto tiempo.

Así pues, la inteligencia artificial no sólo satisface las necesidades prácticas de la restauración y la conservación, sino que plantea cuestiones intrigantes sobre la intersección de la tecnología y el arte. Esta convergencia de lo antiguo y lo moderno, de la ciencia y la estética, abre un diálogo apasionante que podría moldear el futuro del arte y la forma en que lo percibimos y conservamos para las generaciones venideras.

El mundo del arte está en constante evolución, un escenario en el que la tecnología y la creatividad bailan en un intrincado dúo. Una de las parejas más recientes y fascinantes de este baile es la inteligencia artificial. Si antes el arte se consideraba un dominio exclusivamente humano, hoy la IA abre nuevos horizontes de exploración, enriqueciendo el panorama creativo de formas inimaginables.

Pensemos en la pintura generativa, una disciplina que utiliza algoritmos para crear obras de arte. Los artistas programan la IA para que se adhiera a ciertas reglas estéticas y estructurales, y el resultado es una colaboración en la que la máquina se convierte en una especie de co-artista. Un ejemplo icónico es "Retrato de Edmond de Belamy", un retrato creado por un algoritmo de aprendizaje profundo y vendido en subasta en Christie's por 432.500 dólares. La noticia dio la vuelta al mundo, mostrando cómo la IA también podía crear obras con trascendencia económica y cultural.

No menos fascinante es el uso de la IA en el videoarte. Redes neuronales entrenadas pueden generar intrincadas animaciones o manipular vídeos existentes de formas sorprendentes. Un ejemplo es el vídeo musical de "In the End" de Linkin Park, recreado íntegramente con IA para recordar al fallecido cantante Chester Bennington. En este contexto, la inteligencia artificial no sólo crea nuevas formas de arte, sino que también ayuda a preservar y celebrar el patrimonio cultural.

Además de la creación, la inteligencia artificial también está revolucionando el disfrute y la conservación del arte. Pensemos en los sistemas de reconocimiento visual empleados en los museos. Los algoritmos pueden identificar y catalogar obras de arte, facilitando su descubrimiento y estudio. A un nivel más avanzado, la IA también puede ayudar a restaurar obras de arte dañadas, prediciendo el aspecto que tendrían si se hubieran conservado en su forma original.

¿Y si le dijera que la IA puede incluso ampliar los límites de la interpretación artística? Imagine un algoritmo que analizara las emociones expresadas en un cuadro y sugiriera una banda sonora apropiada. De este modo, el arte visual y la música se fusionarían en una experiencia multisensorial, ofreciendo al público una comprensión más profunda del mensaje emocional de una obra.

Pero, como en cualquier evolución, surgen cuestiones éticas y filosóficas. ¿A quién pertenecen los derechos de autor de una obra generada por IA? ¿Cuál es el papel del artista humano en un mundo en el que las máquinas pueden crear? Estas cuestiones añaden una capa adicional de complejidad a la conversación y merecen una cuidadosa consideración.

En el panorama contemporáneo, donde la tecnología se mezcla con la creatividad de formas cada vez más sofisticadas, la inteligencia artificial en las artes visuales representa una frontera inexplorada. Una frontera que plantea preguntas, provoca debates, pero sobre todo enriquece nuestra forma de ver y experimentar el arte. En este diálogo entre silicio y espíritu, entre código y pincel, reside el potencial de una síntesis artística nunca vista, una nueva estética para un nuevo milenio.

CAPÍTULO 5: LA IA EN LA LITERATURA.

La inteligencia artificial, antaño un tema relegado a los laboratorios de investigación y las novelas de ciencia ficción, se ha abierto paso en casi todos los aspectos de la vida cotidiana. Sorprendentemente, también ha encontrado un hábitat fértil en el mundo de la literatura y la escritura asistida. A medida que la tecnología sigue creciendo, su impacto en el panorama literario se ha convertido en una fascinante intersección de humanismo y ciencia.

Imagínese a un aspirante a escritor sentado frente a su ordenador, bolígrafo virtual en mano, pero la inspiración le parece esquiva. En estas situaciones, la escritura asistida por IA puede funcionar como una musa cibernética. Las plataformas de escritura asistidas por IA pueden sugerir estilos, tonos e incluso argumentos, abriendo una vorágine de posibilidades creativas. No se trata de sustituir al artista, sino de ampliar su arsenal de herramientas creativas. Casi se puede pensar en esto como un diálogo continuo entre el creador y su extensión digital, una colaboración en la que cada uno aprende del otro.

Uno de los aspectos más fascinantes de esta simbiosis es el papel que puede desempeñar la inteligencia artificial en la mejora de la calidad de la propia escritura. La IA puede analizar textos complejos, detectar incoherencias en la trama o el estilo y sugerir cambios que pueden convertir una buena historia en una obra maestra. Más allá de la simple corrección gramatical, los algoritmos pueden incluso proporcionar información contextual sobre aspectos como el ritmo narrativo, la coherencia de los personajes y la verosimilitud de los acontecimientos. Se trata de un ámbito en el que la tradición literaria y la tecnología se unen para refinar el arte de la ficción.

Sin embargo, es fundamental reflexionar sobre las implicaciones éticas de esta participación. ¿Puede una historia generada algorítmicamente considerarse una obra de arte? Y si es así, ¿a quién pertenecen sus derechos? Son cuestiones aún abiertas que requieren un debate en profundidad por parte de expertos en los ámbitos jurídico, ético y artístico. Es esencial abordar estas cuestiones con la sensibilidad necesaria para garantizar que la inteligencia artificial sea un aliado y no un adversario en el campo de la creatividad humana.

Otra faceta que merece atención es la accesibilidad. Con la llegada de las plataformas de escritura basadas en IA, incluso quienes carecen de formación literaria formal pueden explorar el mundo de las palabras y las ideas. Esto democratiza en cierta medida el arte de escribir, haciéndolo más inclusivo y diverso. Pero también plantea la cuestión de la calidad. En un mundo en el que cualquiera puede escribir y publicar, ¿cómo mantener el alto nivel que caracteriza a la gran literatura?

La inteligencia artificial en la literatura y la escritura asistida es una frontera fascinante que promete remodelar los contornos de la imaginación humana. Al aventurarnos en este territorio inexplorado, es crucial que lo hagamos con curiosidad, pero también con una ética inquebrantable, equilibrando las infinitas posibilidades que ofrece la tecnología con el respeto por la profundidad y la complejidad de la experiencia humana. Y así, como en una historia bien escrita, la tensión entre el hombre y la máquina ofrece no sólo conflicto sino también resolución, en una narración que aún está por escribir.

La inteligencia artificial está revolucionando una amplia gama de campos, desde la medicina a la ingeniería, pero una de sus aplicaciones más fascinantes y menos comprendidas es el campo de la literatura y el análisis textual. Aquí, la IA ofrece no sólo una nueva herramienta para sondear textos, sino también la posibilidad de abrir horizontes de comprensión más allá de la mera descodificación de palabras y frases.

Cuando hablamos de análisis textual mediante IA, nos referimos a un complejo conjunto de algoritmos y modelos de aprendizaje automático que nos permiten extraer, organizar e interpretar información de grandes cantidades de texto. Pensemos en las novelas de Tolstoi o en los escritos filosóficos de Kant; estos textos pueden ser tan densos e intrincados que incluso al más experimentado de los humanos le cuesta captar todos los matices. La IA puede acelerar este proceso, revelando patrones ocultos y relaciones semánticas que podrían escapar al ojo humano.

Un ejemplo de este potencial es la categorización automática de temas. Supongamos que tenemos una biblioteca digital con miles de novelas. Un algoritmo podría examinar estos textos y categorizarlos según un conjunto de temas o motivos recurrentes, como el amor, la guerra, la redención, etcétera. Esto no sólo facilita la búsqueda y el descubrimiento para los usuarios, sino que también ofrece a los estudiosos una nueva forma de interrogar a la literatura, dándoles la oportunidad de explorar cómo ciertos temas evolucionan con el tiempo o varían de un autor a otro.

Del mismo modo, el análisis de sentimientos, que evalúa las emociones transmitidas a través del texto, puede aportar valiosos datos. Imagínese poder seguir la evolución emocional de un personaje de una novela a lo largo de toda la trama. O de analizar cómo varía la intensidad emocional en las distintas escenas de una tragedia de Shakespeare. Las implicaciones de este enfoque van de la crítica literaria a la psicología, ofreciendo nuevas formas de entender cómo interactúa la literatura con la mente humana.

Pero el análisis textual impulsado por la IA también tiene implicaciones más amplias. Pensemos en los estudios interdisciplinarios, en los que la literatura suele examinarse en relación con contextos históricos, sociales o políticos. La IA puede ayudar a identificar rápidamente referencias o conceptos especialmente destacados en un periodo o lugar determinados, ofreciendo una imagen más madura y polifacética de la interacción entre texto y contexto.

No obstante, es fundamental actuar con cautela. Los algoritmos, por avanzados que sean, no son infalibles y pueden verse influidos por sesgos inherentes a los datos con los que se entrenan. Además, existe el riesgo de superponer interpretaciones mecánicas a las humanas, reduciendo la literatura a un conjunto de datos que hay que procesar, en lugar de a una forma de arte que explora la condición humana en todas sus complejidades.

La sinergia entre inteligencia artificial y literatura es, por tanto, un campo fértil, lleno de promesas pero también de desafíos. Como en todas las relaciones hombre-máquina, el éxito dependerá de nuestra capacidad de utilizar la tecnología para amplificar nuestros conocimientos, en lugar de sustituirlos. Y así, mientras sigamos escribiendo y leyendo, discutiendo y debatiendo, la IA estará ahí, una compañera silenciosa pero poderosa, ayudándonos a ver más allá de las palabras, en el corazón mismo de la experiencia humana.

En la literatura contemporánea, la inteligencia artificial está escribiendo un nuevo capítulo, literal y metafóricamente. Una de las aplicaciones más intrigantes y quizá menos discutidas de esta revolucionaria tecnología se encuentra en el campo de la narrativa generativa o, si se prefiere, la narración generativa. En este caso, la inteligencia artificial no se limita a realizar análisis de textos o búsquedas de autores; va más allá, haciendo lo mismo que los humanos han hecho alrededor del fuego durante miles de años: contar historias.

Imaginemos un algoritmo capaz de construir tramas coherentes, desarrollar personajes multidimensionales y ambientar historias en mundos detalladamente realizados. Es cierto que el asunto también plantea una serie de cuestiones éticas y filosóficas, como el significado de la creatividad y el papel del autor en el proceso de narración. Pero independientemente de los dilemas que plantea, la tecnología de la narración generativa ofrece un terreno fértil para explorar nuevas fronteras narrativas.

Las aplicaciones prácticas son variadas. Imaginemos a un autor que lucha contra el llamado "bloqueo del escritor". Un algoritmo de IA podría sugerir varias direcciones en las que podría evolucionar la historia, liberando al autor de ese molesto impasse creativo. O pensemos en los mundos inmersivos de los videojuegos, donde las historias pueden desarrollarse de forma dinámica y sensible en función de las decisiones del jugador. Una IA podría crear tramas secundarias, generar diálogos realistas e incluso responder de forma inteligente a las acciones del jugador, creando una experiencia de juego realmente única en cada ocasión.

Pero no todo son rosas y sol. Como ocurre con cualquier tecnología emergente, hay retos que superar. Por ejemplo, garantizar que el lenguaje generado por la IA sea culturalmente sensible y no perpetúe estereotipos perjudiciales es una preocupación legítima. La cuestión de la propiedad intelectual es otra área gris: si una IA genera una historia o un personaje, ¿a quién pertenece ese contenido? ¿Al programador que creó el algoritmo, al usuario que proporcionó los datos iniciales o quizá a la propia IA?

¿Y qué hay de la calidad de la escritura? Aunque los algoritmos se han vuelto cada vez más sofisticados, a menudo carecen de esa chispa emocional, ese toque de brillantez que distingue una gran historia de una simplemente buena. El matiz emocional, el ritmo de la historia y la capacidad de sorprender al lector son áreas en las que sobresalen los escritores humanos y que, al menos por ahora, parecen eludir la capacidad de las máquinas.

A pesar de estas preocupaciones, está claro que la inteligencia artificial tiene mucho que ofrecer al mundo de la literatura y la narración. Las posibilidades son enormes y en gran medida inexploradas, y ofrecen la oportunidad de una verdadera simbiosis entre el hombre y la máquina. En esta intrincada red de códigos y palabras, nuestra comprensión de la narración, y quizá incluso de nosotros mismos, está destinada a evolucionar de formas que hoy sólo podemos empezar a imaginar.

La inteligencia artificial se ha infiltrado en una amplia gama de campos, desde la ingeniería y la medicina hasta el arte y la literatura. Mientras que la idea de una máquina componiendo poesía o relatos cortos parecía antaño pura ciencia ficción, hoy es una realidad tangible y en constante evolución. Navegar por las palabras y las ideas, dominios tradicionalmente considerados un bastión de la experiencia humana, se ha convertido en un nuevo horizonte para los algoritmos avanzados.

Imaginemos por un momento a la IA como un joven aprendiz, absorbiendo estilos, estructuras y temas de la literatura universal. Entrenada en una vasta biblioteca digital, esta IA podría generar textos de diversos géneros y estilos, desde la prosa épica hasta la ópera moderna. En este marco, la máquina no sólo emula las técnicas de los autores, sino que también ofrece nuevas formas de experimentar con la forma y el contenido.

No se trata de una mera simulación. La inteligencia artificial puede generar obras que amplíen los límites del arte literario. Por ejemplo, algunos algoritmos de aprendizaje automático ya han demostrado su capacidad para crear poemas que captan la esencia emocional de un momento, un concepto o una experiencia. Los algoritmos pueden analizar patrones lingüísticos y rítmicos que evocan determinados estados emocionales, lo que permite crear obras que resuenan con el lector a un nivel profundo.

Pero también hay retos éticos y filosóficos. La cuestión de la propiedad intelectual se vuelve nebulosa cuando una máquina es la autora. ¿A quién pertenece la poesía generada por un algoritmo?

¿Es producto del ingenio humano que entrenó a la máquina o es una obra sin autor definido? Además, el riesgo de plagio se amplifica, ya que la IA puede generar textos muy parecidos a las obras con las que se entrenó.

También existe el temor de que la IA pueda diluir la riqueza y complejidad de la literatura humana. Si las máquinas pueden escribir sonetos o novelas con eficacia, ¿qué ocurre con el arte de contar historias, con la singularidad de la voz humana? No olvidemos que la literatura es un medio a través del cual exploramos la condición humana, con todas sus imperfecciones y contradicciones. ¿Puede una máquina, por avanzada que sea, captar realmente esa profundidad?

Pero quizás sea en esta tensión entre lo humano y lo mecánico donde reside el mayor potencial de innovación. La inteligencia artificial puede actuar como un espejo, reflejando no sólo lo que sabemos, sino también lo que podríamos llegar a ser. Puede estimularnos a cuestionar lo que significa ser creativo, lo que significa ser humano. A medida que las máquinas aprendan a escribir, puede que descubramos que también tienen algo que enseñarnos: una nueva forma de sintaxis, una nueva métrica o, quizá de forma más inesperada, una nueva forma de empatía y comprensión.

La intersección de la IA y la literatura es un paisaje en rápida evolución, lleno de posibilidades y escollos. Pero una cosa es segura: la escritura, ese antiguo arte de expresión y exploración, nunca volverá a ser lo mismo. Y quizás, en el gran esquema de las cosas, esto es algo que hay que acoger con curiosidad más que con asombro.

La inteligencia artificial, fuerza motriz de la innovación en campos como la medicina, la ingeniería y la industria, también encuentra un lugar cada vez más relevante en la literatura. No se trata sólo de narrar historias en las que robots y algoritmos desempeñan un papel; la IA se está convirtiendo en un actor más del proceso creativo, ayudando a los autores e incluso generando contenidos de forma independiente. Esta intersección de tecnología y creatividad plantea cuestiones éticas y sociales que merece la pena explorar detenidamente.

Pensemos, por ejemplo, en la posibilidad de que un algoritmo escriba una novela. Las herramientas de escritura asistida por IA pueden sugerir tramas, desarrollar personajes e incluso generar diálogos, liberando a los autores de algunas de las fases más laboriosas del proceso creativo. Pero, ¿a quién pertenecen estas historias? ¿Cambia el valor artístico e intelectual de una obra si un algoritmo contribuye significativamente a su creación?

No se trata sólo de cuestiones de propiedad intelectual; la presencia de la IA en el campo de la literatura también plantea cuestiones más amplias relacionadas con la identidad cultural y social. Por ejemplo, los algoritmos entrenados en grandes conjuntos de datos lingüísticos pueden perpetuar involuntariamente estereotipos y prejuicios presentes en el discurso humano. De este modo, una novela generada por la IA podría correr el riesgo de reforzar visiones problemáticas del mundo en lugar de cuestionarlas, como suele aspirar a hacer la gran literatura.

También hay que tener en cuenta la accesibilidad. Si las editoriales adoptan de forma generalizada las herramientas de IA, a los autores les resultará cada vez más fácil generar contenidos a un ritmo más rápido. Esto podría saturar el mercado editorial aún más de lo que ya está, con el riesgo de marginar a los autores emergentes que no tienen acceso a estas tecnologías avanzadas. En un mundo en el que la IA se convierte en una herramienta literaria habitual, ¿cómo garantizar que no se ahoguen las voces menos escuchadas?

Otro aspecto ético se refiere a la conexión emocional que los lectores establecen con los autores. La literatura es una forma de conectar con otras mentes humanas, de explorar nuevas perspectivas y de comprometerse con pensamientos y sentimientos que pueden ser muy diferentes de los nuestros. Si un algoritmo puede replicar la genialidad de un gran escritor, ¿qué ocurre con esa conexión? ¿Aceptaremos de buen grado que nos conmuevan las palabras de una máquina, o nos sentiremos engañados, privados de una experiencia auténtica?

Estas cuestiones plantean retos que van mucho más allá de las implicaciones jurídicas y comerciales. Tocan el corazón de lo que significa ser humano en una era de rápidos cambios tecnológicos. Mientras seguimos integrando la IA en nuestras vidas, incluida la esfera literaria, debemos proceder con cautela, conscientes de las repercusiones éticas y sociales. Al fin y al cabo, la literatura es un espejo que refleja las complejidades de la condición humana. Es vital que siga haciéndolo con precisión y empatía, incluso en la era de la inteligencia artificial.

CAPÍTULO 6: LA IA EN EL CINE Y EL ESPECTÁCULO

El mundo del cine y el espectáculo siempre ha sido un laboratorio experimental para las tecnologías emergentes. La evolución tecnológica nunca ha sido un mero accesorio, sino a menudo un catalizador de nuevas posibilidades narrativas y artísticas. En el contexto contemporáneo, la inteligencia artificial se está convirtiendo en un actor discreto pero incisivo, que influye tanto en el proceso creativo como en el disfrute de las obras.

Imaginemos un contexto de producción cinematográfica en el que un algoritmo de inteligencia artificial interviene desde la fase de preproducción. Suele empezar con una idea, un atisbo de historia que el autor quiere llevar a la pantalla. Aquí es donde entra en juego la inteligencia artificial, capaz de analizar miles de guiones, identificar arcos argumentales ganadores y sugerir elementos que podrían hacer la historia más convincente o más coherente. No se trata de sustituir al genio humano, sino de enriquecerlo, proporcionando una herramienta analítica capaz de detectar patrones y tendencias que podrían escapar incluso al guionista más experimentado.

Pero la intervención de la inteligencia artificial no se detiene en la fase de escritura. Pensemos en el storyboard, esa secuencia de dibujos preparatorios que se utiliza para visualizar el aspecto y la sensación de la película antes de rodarla. Los programas informáticos de inteligencia artificial, especializados en interpretación y generación de imágenes, pueden ahora ayudar en la concepción de estos paneles, sugiriendo composiciones de escenas o incluso cambios en la cinematografía que podrían mejorar el producto final.

No es exagerado decir que la inteligencia artificial puede influir incluso en la fase de posproducción. Los algoritmos de aprendizaje automático están entrenados para realizar etalonajes, optimizar efectos visuales e incluso ayudar a editar la película, agilizando procesos que llevarían horas de trabajo manual y permitiendo al director centrarse en decisiones más creativas y menos técnicas.

¿Y qué hay del disfrute de las obras? También en este terreno la inteligencia artificial está abriendo horizontes insospechados. Las plataformas de streaming están utilizando sofisticados algoritmos para recomendar películas y series de televisión basándose en un análisis detallado de los gustos de los usuarios. También podría surgir un nuevo género de cine interactivo, en el que el público, a través de su comportamiento o sus comentarios, pueda influir en el curso de la trama en tiempo real, gracias a guiones dinámicos gestionados por la inteligencia artificial.

Mientras exploramos estas fronteras, es crucial recordar que la tecnología es una herramienta, no un fin. La inteligencia artificial en el cine y el espectáculo amplía las capacidades humanas, pero no puede sustituir a la intuición, la sensibilidad y el genio creativo que son el corazón palpitante de toda gran obra de arte. Lo cierto es que las fronteras entre el hombre y la máquina son cada vez más difusas, y en este intrincado diálogo podrían nacer las memorables historias del futuro.

La magia que se esconde tras la creación de mundos fantásticos, personajes increíbles y escenas sobrecogedoras en el cine y el entretenimiento se atribuye a menudo al genio creativo de artistas y cineastas. ¿Y si le dijera que una parte importante de esta magia la generan algoritmos y modelos de inteligencia artificial? Sí, es cierto; la IA está revolucionando la forma en que consumimos y producimos entretenimiento, haciendo que la realidad digital sea casi indistinguible de la vida real.

Empecemos por la forma en que la IA se aplica en la generación de efectos especiales. Tomemos, por ejemplo, la tecnología de captura de movimiento, que permite capturar los movimientos humanos y convertirlos en animaciones digitales. En el pasado, este proceso requería una gran postproducción y la intervención manual de los artistas para perfeccionar cada detalle. Hoy en día, los algoritmos de aprendizaje automático pueden analizar datos sin procesar y generar animaciones de alta calidad con una supervisión mínima, lo que reduce tanto los costes como el tiempo de producción.

Otro avance espectacular es la creación de entornos digitales. Los desarrolladores están utilizando la IA para generar paisajes complejos y detallados, como bosques intrincados o ciudades futuristas, que serían demasiado caros o incluso imposibles de crear manualmente. Estos entornos no sólo son visualmente impresionantes, sino también dinámicos; pueden cambiar en tiempo real en respuesta a las acciones de los personajes, lo que hace que la experiencia sea mucho más envolvente para el espectador.

No menos importante es el papel de la IA en la mejora del maquillaje digital y las prótesis virtuales. Por ejemplo, es posible envejecer o rejuvenecer de forma realista a un actor mediante el uso de algoritmos que comprenden cómo cambian los rasgos faciales con el tiempo. Esta capacidad de manipular la apariencia humana va mucho más allá de los límites de las prótesis tradicionales, proporcionando a los cineastas una libertad creativa sin precedentes.

Pero lo que realmente hace apasionante el uso de la IA en este campo es su capacidad para aprender y mejorar constantemente. Cada película, cada escena, cada fotograma sirve como conjunto de datos que pueden utilizarse para seguir perfeccionando los algoritmos. Esto significa que sólo estamos al principio de lo que se puede conseguir. A medida que las técnicas de aprendizaje automático se vuelvan más sofisticadas, es posible que lleguemos a un punto en el que las creaciones digitales sean indistinguibles de la realidad.

Por lo tanto, la IA no es sólo una herramienta técnica; es una compañera de viaje en la quête artística. Representa una ampliación de la paleta de herramientas a disposición de los creativos, ampliando los límites de lo posible. Aunque los puristas podrían argumentar que el uso intensivo de la tecnología podría disminuir el elemento humano en el arte, es esencial reconocer que la IA es una herramienta, no un sustituto. Los artistas siguen siendo el centro del proceso creativo; la IA simplemente amplía las posibilidades de que disponen.

Así que la próxima vez que te quedes embelesado ante una escena de una película o un efecto visual impresionante, recuerda que detrás de esa belleza puede haber un algoritmo, trabajando en armonía con el genio humano para dar vida a esa visión. Y es esta unión de arte y ciencia lo que hace que la era moderna del entretenimiento sea tan extraordinariamente fascinante.

Imaginemos un mundo en el que el arte cinematográfico y la experiencia del entretenimiento alcanzan una nueva dimensión, un nivel en el que la realidad y la ficción parecen mezclarse de forma indistinguible. Este es el reino emergente donde la inteligencia artificial (IA) se encuentra con el cine y el entretenimiento. La narración, la animación, el diseño de personajes e incluso la dirección son algunas de las áreas en las que la IA está dejando una huella indeleble.

Si alguna vez ha visto una película de animación moderna o la simulación de un juego y se ha preguntado cómo la renderización de imágenes puede ser tan extraordinariamente realista, la respuesta es el uso cada vez mayor de técnicas de renderización en tiempo real potenciadas por la IA. En esencia, el renderizado en tiempo real es la creación instantánea de imágenes a partir de modelos 3D, que se hacen visibles inmediatamente para el usuario. En el pasado, este proceso requería mucho tiempo y esfuerzo de cálculo. Hoy, con la ayuda de la IA, esta creación puede tener lugar en tiempo real, haciendo posible una nueva era de experiencias inmersivas.

La IA permite modelar entornos virtuales con detalles extremadamente complejos. Imagine una escena en la que hojas, briznas de hierba e incluso partículas de polvo se renderizan individualmente para reproducir una realidad visual. Es la dedicación al detalle lo que crea una verdadera inmersión, que a su vez define la experiencia del público. Las redes neuronales convolucionales y las técnicas de aprendizaje profundo se emplean a menudo para aprender de los datos de textura e iluminación, mejorando el realismo a través de modelos de alta fidelidad que se pueden calibrar y refinar en tiempo real.

Además de la visualización, la IA también está transformando la forma de concebir y contar historias. Los sistemas de IA pueden ahora analizar la estructura narrativa, el ritmo, los temas e incluso las emociones, sugiriendo formas de optimizar y perfeccionar el contenido. Algunos estudios cinematográficos ya utilizan la IA para predecir el éxito de una película antes de su estreno, basándose en factores como el argumento, el género y el reparto.

Pero no es oro todo lo que reluce. La cuestión ética es un componente que no puede pasarse por alto. Existe un creciente debate sobre la propiedad intelectual cuando la IA interviene en la creación artística. ¿A quién pertenecen los derechos de un personaje generado por IA o de una trama sugerida por un algoritmo? Estas cuestiones requieren respuestas meditadas y soluciones legislativas.

Además, aunque la IA tiene el potencial de hacer que el entretenimiento sea más atractivo y personalizado, también existe el riesgo de que la tecnología pueda utilizarse para crear deepfakes u otras manipulaciones visuales que puedan confundir o engañar al público. Así pues, es imperativo encontrar un equilibrio entre innovación y responsabilidad.

Y así, mientras recorremos este apasionante paisaje en el que convergen la inteligencia artificial y el cine, debemos ser conscientes tanto del enorme potencial como de los retos éticos y morales que surgen. Se trata de un delicado equilibrio que requiere la participación de artistas, tecnólogos, legisladores y, lo que es más importante, del propio público. La IA en el cine y el entretenimiento no es sólo una cuestión de mejora tecnológica, sino que representa una nueva frontera de la creatividad humana, que nos invita a todos a ser a la vez espectadores y participantes en la configuración del futuro del arte y la cultura.

La inteligencia artificial es una fuerza silenciosa pero cada vez más omnipresente que está cambiando la faz de muchas industrias. Entre ellas, el cine y el entretenimiento están experimentando una revolución copernicana gracias a la IA. La aportación de esta tecnología va mucho más allá de la automatización de tareas rutinarias; se cuela en los pliegues más sutiles de la creación, distribución y comercialización de contenidos cinematográficos y de entretenimiento.

Imaginemos la complejidad de hacer una película. Además de la narración y el arte, hay un enorme subtexto de análisis de datos. En una primera fase, la inteligencia artificial puede analizar guiones y argumentos, comparándolos con películas anteriores de éxito para sugerir cambios que podrían aumentar el atractivo comercial. Al mismo tiempo, se emplean algoritmos de aprendizaje profundo para perfeccionar la posproducción, desde la corrección del color hasta la creación de efectos especiales cada vez más convincentes.

Y mientras las salas de edición están habitadas por IAs que colaboran con humanos, en el mundo exterior, otros algoritmos trabajan para entender al público. Las plataformas de streaming, por ejemplo, utilizan la IA para analizar el comportamiento de los usuarios: qué ven, cuándo dejan de verlo, qué escenas les incitan a compartir contenidos. Estos datos son fundamentales para planificar la distribución. ¿Por qué enviar una película al cine si el algoritmo predice que tendrá más éxito en Internet?

Cuando hablamos de marketing, la inteligencia artificial ha cambiado las reglas del juego. Los algoritmos pueden analizar enormes conjuntos de datos para identificar tendencias emergentes, lo que permite a productores y distribuidores adaptar las campañas promocionales al público objetivo. En un nivel más avanzado, la tecnología de IA puede generar tráilers de películas personalizados en función de datos demográficos y gustos individuales. No se trata sólo de mostrar el anuncio adecuado a la persona adecuada, sino de mostrar la versión adecuada del anuncio a la persona adecuada.

Pero mientras nos fascinan estos extraordinarios avances, conviene reflexionar sobre algunas cuestiones éticas y filosóficas. ¿Hasta qué punto es ético utilizar algoritmos para moldear los contenidos en función de los gustos de la audiencia? ¿Corremos el riesgo de crear un círculo vicioso de conformidad, en el que la singularidad y la diversidad creativa se sacrifican en aras de la eficacia algorítmica? ¿Y qué significa para el futuro del trabajo creativo que gran parte del proceso de producción, distribución y comercialización pueda automatizarse?

Estas preguntas requieren una profunda reflexión. A medida que la inteligencia artificial sigue impregnando la industria del cine y el entretenimiento, es esencial mantener un diálogo abierto sobre cómo debe desplegarse esta tecnología. No se trata sólo de maximizar el beneficio o la eficiencia, sino de entender cómo la IA puede servir de herramienta para enriquecer nuestra experiencia cultural sin vaciarla de su valor humano inherente.

En el contexto actual, la inteligencia artificial no es sólo un accesorio tecnológico, sino un jugador silencioso que está redefiniendo las reglas del juego. Como en cualquier historia convincente, su papel podría ser el de héroe o villano, dependiendo de cómo decidamos utilizarla. Y este es un guión que todos, como sociedad, tenemos el deber y la responsabilidad de escribir cuidadosamente.

El mundo del cine y el espectáculo está experimentando una transformación radical gracias a la inteligencia artificial (IA). Antes relegada a tareas de edición de vídeo y corrección de color, la IA se manifiesta ahora de formas tan sutiles como revolucionarias, penetrando tanto en la creación como en la distribución de contenidos.

Pensemos en la escritura de guiones. Los algoritmos de IA pueden analizar cientos de miles de películas para identificar patrones de éxito. Elementos como el ritmo, la estructura e incluso el diálogo pueden optimizarse. No se trata de sustituir el toque humano, sino de amplificarlo. Uno de los ejemplos más conocidos es el caso de Benjamin, una IA que escribió un guión corto titulado "Sunspring", con unos resultados que, aunque algo surrealistas, resultaban intrigantes y llenos de potencial.

Pasemos a la fase de producción, en la que la IA se dedica a crear efectos especiales. Por ejemplo, los algoritmos de aprendizaje profundo son capaces de generar entornos virtuales fotorrealistas con una precisión y velocidad que superan la precisión y velocidad humanas. Esto no solo reduce costes, sino que permite explorar nuevas fronteras narrativas. La película "Gemini Man" con Will Smith utilizó IA para crear una versión más joven del actor, ofreciendo una interpretación convincente que habría sido casi imposible solo con maquillaje o CGI tradicional.

No menos fascinante es el uso de la IA en posproducción. Los algoritmos pueden reducir el ruido de fondo, optimizar el sonido e incluso realizar la edición inicial, liberando a los profesionales creativos de tareas repetitivas para centrarse en decisiones más artísticas y significativas.

La IA también influye en la forma en que se distribuyen y consumen los contenidos. Plataformas de streaming como Netflix y Spotify utilizan sofisticados algoritmos de recomendación para personalizar la experiencia del usuario. No es casualidad que, según algunas estimaciones, el 80 por ciento de las visualizaciones en Netflix procedan de recomendaciones generadas por algoritmos. Estos algoritmos utilizan multitud de datos, desde la duración del visionado hasta los géneros favoritos, para predecir con una precisión aterradora lo que nos gustaría ver o escuchar a continuación.

Un caso interesante es el de Disney, que utilizó la IA para analizar las expresiones faciales de los espectadores durante las proyecciones de prueba. Los datos recogidos ayudaron a perfeccionar el montaje, el ritmo e incluso escenas concretas para maximizar el impacto emocional.

Pero la IA no está exenta de dilemas éticos, especialmente en el campo del entretenimiento. Por ejemplo, ¿cuál será el destino de los profesionales si las máquinas pueden realizar las mismas tareas en menos tiempo y sin coste alguno? ¿Y qué hay de las implicaciones de la personalización extrema de los contenidos, que podría reforzar las cámaras de eco y las divisiones culturales?

Estas preguntas plantean un serio interrogante sobre el papel de la IA en la configuración de nuestro futuro cultural y creativo. No obstante, la evolución de la IA en el cine y el entretenimiento representa un capítulo convincente en la continua interacción entre tecnología y arte, una simbiosis que, si se maneja con cuidado y consciencia, tiene el potencial de enriquecer nuestra experiencia colectiva del mundo de formas aún inimaginables.

CAPÍTULO 7: LA IA
EN LA MODA

El mundo de la moda es un universo en constante evolución, alimentado por el talento de los diseñadores, el fervor de los estilistas y la innovación tecnológica. Y cuando hablamos de innovación tecnológica, no podemos ignorar el papel cada vez más omnipresente de la inteligencia artificial (IA) en este campo. Si antes el corazón de la moda latía únicamente en manos de sastres expertos y diseñadores visionarios, hoy la IA ha entrado en escena como coprotagonista que influye a múltiples niveles, desde el diseño hasta la venta al por menor.

En el ecosistema de la moda, el diseño asistido por IA representa una de las aplicaciones más fascinantes y, sin embargo, menos comprendidas. Es fácil pensar en la IA como una especie de sustituto del talento humano, una máquina que genera bocetos o modelos tridimensionales. Pero en realidad, el verdadero poder de la IA reside en ser un extensor de las capacidades humanas, un amplificador de la creatividad.

Imaginemos a un diseñador ante el dilema de crear una colección para la próxima temporada. En un mundo sin IA, tendría que hacer estudios de mercado, estudiar tendencias, materiales, colores y, sobre todo, confiar en sus instintos. Con la IA, sin embargo, estos procesos pueden automatizarse y perfeccionarse. Las herramientas de análisis predictivo pueden escudriñar miles de millones de datos procedentes de las redes sociales, las plataformas de venta en línea y las revistas especializadas, y ofrecer una visión precisa de las tendencias emergentes. Pero eso no es todo. La IA también puede sugerir combinaciones de materiales y tejidos que podrían ser más sostenibles o rentables, sin comprometer la estética o la calidad del producto final.

Uno de los aspectos más interesantes es la personalización. La IA puede ayudar a los diseñadores a crear prendas que no sólo sean estéticamente agradables, sino que también se adapten a las necesidades o preferencias específicas del cliente. Mediante el análisis de datos y patrones de comportamiento, la IA puede sugerir patrones de diseño que podrían tener un impacto particular en el grupo objetivo. Este nivel de personalización era impensable hace sólo unos años y representa una revolución tanto para los fabricantes como para los consumidores.

Otro ámbito en el que la IA está ayudando es el de la sostenibilidad. Mediante algoritmos avanzados, es posible optimizar el uso de materiales, reduciendo los residuos y aumentando la eficiencia en términos de producción. Además, la IA puede ayudar con la trazabilidad de la cadena de suministro, garantizando que los materiales proceden de fuentes sostenibles.

Ahora bien, es natural plantearse algunas cuestiones éticas: ¿qué ocurrirá con el papel de los humanos en todo esto? ¿Existe el riesgo de que se pierda la autenticidad, el toque humano que hacía de la moda un arte? Es un debate que merece atención. Sin embargo, es crucial comprender que la IA no está aquí para sustituir al genio humano, sino para potenciarlo. En un mundo en el que las exigencias de personalización, sostenibilidad e innovación son cada vez más acuciantes, la inteligencia artificial se presenta como una herramienta que puede ayudar a la industria de la moda a responder a estos retos de manera más eficaz e inspirada.

La intersección de la IA y la moda es, por tanto, un territorio fértil, rico en posibilidades y preguntas abiertas. Para navegar con éxito por este nuevo paisaje, es esencial un enfoque holístico que integre la experiencia tecnológica y la sensibilidad creativa, con una fuerte conciencia de las implicaciones éticas y sociales. Así, la IA en la moda no es sólo un ejemplo de cómo la tecnología está cambiando las reglas del juego, sino también un modelo de cómo estas reglas pueden reescribirse de manera más equitativa, sostenible y, en última instancia, humana.

Imaginemos un mundo en el que las pasarelas de Milán, París o Nueva York sean un laboratorio de datos, un teatro en el que cada vestido, cada tejido y cada color hayan sido optimizados por la inteligencia artificial. No estamos hablando de un futuro lejano, sino de un panorama actual en rápida evolución. La entrada de la inteligencia artificial en la industria de la moda representa un avance tan sutil como revolucionario, capaz de redefinir la dinámica de toda una industria.

Un primer aspecto a considerar es el diseño. Durante años, los diseñadores han jugado con texturas, colores y formas para crear prendas que encarnaran una idea, un sentimiento o una visión del mundo. Hoy, algoritmos avanzados pueden analizar imágenes, datos históricos e incluso reacciones en las redes sociales para sugerir combinaciones de elementos que puedan resultar llamativas o innovadoras. Las máquinas pueden procesar una cantidad de datos inimaginable para un ser humano, ofreciendo una especie de colaboración creativa entre el artista y la tecnología.

No sólo el diseño se beneficia de esta evolución. El ciclo de vida de una prenda, desde su concepción hasta su producción y venta, está plagado de oportunidades para la aplicación de la inteligencia artificial. Los sistemas automatizados de detección de defectos en los tejidos, por ejemplo, están mejorando la calidad de la producción, mientras que los algoritmos de optimización de inventarios ayudan a los minoristas a reducir el despilfarro manteniendo en stock las tallas y colores adecuados.

Y luego está el consumidor, cada vez más exigente e informado, que busca una experiencia de compra a su medida. Aquí entran en juego las técnicas de aprendizaje automático para personalizar la experiencia del cliente. Desde recomendaciones de productos basadas en compras anteriores o comportamientos de navegación, hasta la virtualización de probadores donde los clientes pueden "probarse" la ropa en un entorno digital, las posibilidades son inmensas y están en constante evolución.

Pero, ¿qué significa todo esto para el futuro de la moda? Un escenario probable es una creciente democratización del diseño, donde las creaciones ya no sean el producto exclusivo de una élite de diseñadores, sino el resultado de una colaboración entre la creatividad humana y el análisis algorítmico. Las tendencias podrían surgir y desaparecer con una rapidez sin precedentes, alimentadas por un bucle continuo de retroalimentación entre consumidores y algoritmos.

Este nuevo paradigma no está exento de desafíos. Existe el riesgo de que la dependencia de datos y algoritmos pueda "desvirtuar" de algún modo el arte inherente a la creación de moda, convirtiéndola en una cuestión puramente numérica. Además, la recopilación y el análisis de datos a gran escala plantean problemas éticos relacionados con la privacidad y la seguridad.

Sin embargo, ignorar el auge de la inteligencia artificial en el mundo de la moda sería imprudente. La IA ha llegado para quedarse y su impacto se dejará sentir en toda la cadena de valor, desde los bocetos de los diseñadores hasta las tiendas y los armarios de todos. Lo que es seguro es que sólo estamos al principio de esta aventura, y las posibilidades son tan infinitas como el armario que la IA está empezando a imaginar para nosotros. Como en cualquier innovación, la clave será encontrar un equilibrio: un punto de encuentro entre el arte de la moda y la ciencia de los datos. Así, cuando hojeamos las páginas de las revistas de moda o paseamos por las tiendas, no sólo estamos viendo ropa; estamos siendo testigos de una revolución silenciosa pero profundamente significativa.

Imaginemos un mundo en el que la ropa que llevamos está

diseñada, cosida y distribuida por un sistema dirigido por inteligencia artificial (IA). ¿Le parece un concepto de película de ciencia ficción? Sin embargo, es una realidad que cada vez se hace más realidad, gracias al poder transformador de la IA aplicada a la moda, la fabricación y la logística.

La inteligencia artificial no es sólo un accesorio glamuroso en el mundo de la moda; es una fuerza motriz que está revolucionando la industria de formas que no podríamos haber imaginado ni siquiera hace una década. Tomemos, por ejemplo, la fase de diseño de la ropa. Las plataformas de IA pueden analizar enormes cantidades de datos sobre tendencias de moda, deseos de los consumidores e incluso patrones meteorológicos. A partir de estos datos, los algoritmos pueden sugerir diseños y estilos que no sólo están de moda, sino que también se adaptan a las necesidades específicas de los distintos grupos demográficos y temporadas.

Pero la verdadera magia comienza cuando pasamos del diseño a la producción. Aquí, la IA tiene el poder de hacer que los procesos sean más eficientes y sostenibles. Los algoritmos pueden calcular la cantidad exacta de material necesario para cada prenda, reduciendo así los residuos. Los robots controlados por IA pueden hacer cortes y costuras precisos, aumentando la calidad y reduciendo el tiempo de producción. Con ello no sólo se consigue ahorrar tiempo y recursos, sino que también se allana el camino para una moda más ética y sostenible.

El reto no acaba ahí. Una vez producida la ropa, debe llegar a las tiendas y, en última instancia, a los consumidores. Aquí es donde entra en juego la logística, otro ámbito en el que la IA está haciendo grandes avances. Los sistemas inteligentes pueden predecir con exactitud la demanda en las distintas tiendas, optimizando la asignación de recursos. La IA también puede gestionar el inventario en tiempo real, identificar ineficiencias en la cadena de suministro y sugerir soluciones.

Piense en las ventajas que esto tiene no sólo para los productores, sino también para los consumidores. La capacidad de predecir la demanda significa que es menos probable que se encuentre con estanterías vacías cuando busque esa pieza concreta que tenía en mente. Al mismo tiempo, una mayor eficiencia en la producción y la distribución se traduce en una reducción de costes, beneficios que pueden trasladarse al consumidor en forma de precios más asequibles.

Este mundo interconectado y optimizado por la IA en la moda, la fabricación y la logística es un universo en rápida evolución que requiere una comprensión profunda y continua. Es una invitación a mirar más allá del horizonte de la moda y ver las infinitas posibilidades que surgen cuando se combinan estética, tecnología e inteligencia. No se trata sólo de ropa más bonita o de almacenes mejor organizados. Se trata de cómo la IA está cambiando nuestra forma de pensar, actuar e interactuar en una de las industrias más dinámicas e influyentes del mundo.

En cada paso, desde las fibras de los tejidos hasta los códigos de barras de los paquetes, la IA está ahí, silenciosa pero poderosa, lista para guiarnos hacia un futuro más inteligente, sostenible y personalizado. Y a medida que la industria de la moda sigue evolucionando, una cosa es segura: la inteligencia artificial no es sólo una tendencia pasajera, sino una transformación profunda que dará forma a la industria en los próximos años.

En el actual panorama de innovación y avance tecnológico, la inteligencia artificial (IA) está penetrando lentamente en una gran variedad de industrias, cambiando profundamente su forma de operar. Uno de los ámbitos más fascinantes, aunque quizás menos obvio, en el que la IA está teniendo un impacto es la industria de la moda. Y cuando se trata de moda, un elemento que está adquiriendo cada vez más relevancia es la sostenibilidad. Si se combinan estos dos conceptos aparentemente divergentes, se abre una nueva frontera de oportunidades y retos.

Imaginemos por un momento el recorrido de una prenda, desde

su concepción hasta su producción. Al principio, diseñadores y creativos se enfrentan para dar vida a un diseño que capte la atención y refleje las tendencias actuales o futuras. Aquí, los algoritmos de IA pueden analizar grandes volúmenes de datos para predecir cuáles serán las próximas tendencias, lo que permite a las casas de moda producir prendas que no solo son estéticamente agradables, sino que también están en sintonía con la demanda del mercado. Este proceso más centrado puede reducir el número de prendas producidas en vano, contribuyendo a una menor producción de residuos.

Pero la sostenibilidad no se limita a la reducción de residuos. Con la ayuda de la IA, se puede optimizar la utilización de recursos en el proceso de producción. Por ejemplo, sofisticados algoritmos pueden calcular la forma más eficiente de cortar la tela para minimizar los residuos. La cadena de suministro también puede hacerse más sostenible mediante el uso de la IA. Los sensores y algoritmos de monitorización pueden rastrear el impacto medioambiental de cada etapa de la producción, desde el cultivo de la fibra hasta la distribución final, permitiendo a las empresas tomar decisiones informadas para reducir su huella de carbono.

Pero vayamos más allá de la producción y consideremos la experiencia del consumidor. Con el avance de las tecnologías de IA, como la realidad virtual y aumentada, los clientes pueden probarse virtualmente la ropa antes de comprarla. Esto no solo mejora la experiencia del cliente, sino que también reduce el número de devoluciones y, en consecuencia, la cantidad de artículos que acaban en los vertederos.

Uno de los aspectos menos explorados, pero muy prometedor, es el uso de la IA en el postconsumo. Imaginemos una aplicación que utilice el aprendizaje automático para sugerir a los propietarios de prendas varias formas de reutilizar o reciclar su ropa vieja, o cómo combinarla de maneras innovadoras para crear nuevos conjuntos. Esto no sólo reduciría el volumen de ropa que se tira, sino que también podría despertar una nueva conciencia sobre el valor duradero de cada prenda.

La intersección de la inteligencia artificial y la sostenibilidad en la moda es una vía aún en parte inexplorada, llena de potencial e implicaciones no sólo económicas, sino también éticas y medioambientales. Ofrece la posibilidad de reestructurar una industria notoriamente derrochadora en otra más eficiente y respetuosa con el planeta. La IA no es una panacea, pero sí un agente influyente que, si se utiliza con conciencia y responsabilidad, puede desempeñar un papel importante en la configuración de un futuro de la moda más sostenible. Y como consumidores, nos corresponde no sólo adoptar estas innovaciones, sino exigir activamente una moda que sea bella, sostenible e inteligente.

La inteligencia artificial ha penetrado en innumerables ámbitos de la vida cotidiana y profesional, convirtiéndose en un actor clave en la redefinición de la forma en que vivimos, trabajamos e interactuamos con el mundo que nos rodea. Uno de los ámbitos en los que esta revolución es menos evidente, pero no por ello menos significativa, es el mundo de la moda. Desde un punto de vista superficial, la combinación de tecnología y moda puede parecer forzada, pero la intersección de estos dos mundos está en realidad cargada de profundas implicaciones sociales y culturales.

Pensemos, por ejemplo, en las cadenas de suministro globales. La inteligencia artificial puede optimizar la producción, distribución y venta de prendas de manera tan eficaz que reduce costes y hace accesible la moda "rápida" a segmentos cada vez más amplios de la población. Pero también plantea problemas éticos en relación con la sostenibilidad medioambiental y las condiciones laborales en los países en desarrollo. Es un poder ambivalente: por un lado, democratiza el acceso a bienes antes considerados de lujo y, por otro, potencia un sistema de producción a menudo insostenible y desigual.

Cambiando el enfoque de lo macro a lo micro, la IA

también es fundamental en la evolución de la experiencia del consumidor. En la actualidad, los algoritmos pueden predecir las tendencias de la moda con una precisión impresionante, personalizando las recomendaciones de compra para reflejar no sólo las preferencias individuales, sino también los movimientos culturales emergentes. Aunque esta personalización extrema se considera una ventaja para la experiencia del cliente, también entraña el riesgo de crear cámaras de eco culturales en las que las personas estén expuestas únicamente a lo que un algoritmo considera que son sus gustos o afinidades ideológicas.

Más intrigante es el uso de la IA en el diseño de ropa y accesorios. Los diseñadores están empezando a colaborar con algoritmos para crear piezas que van más allá de la simple estética, incorporando características que responden a estímulos externos como cambios de temperatura o humedad. De este modo, la moda ya no es sólo una declaración de estilo o un signo de pertenencia social, sino una extensión casi biológica de nosotros mismos, que se adapta y responde a nuestro entorno en tiempo real.

Y luego está el impacto en la identidad cultural. En un mundo cada vez más globalizado, la moda es uno de los últimos bastiones de la expresión cultural local. Pero, ¿qué ocurre cuando entran en juego los algoritmos, formados a partir de datos que a menudo reflejan una visión occidental o eurocéntrica del mundo? Existe el riesgo de una especie de "homologación algorítmica", en la que las especificidades culturales se aplastan en favor de tendencias más universalmente aceptadas.

Estos son sólo algunos de los aspectos en los que la inteligencia artificial está redefiniendo el campo de la moda, con efectos que van mucho más allá del textil y penetran profundamente en el tejido social y cultural de nuestro mundo. Es una frontera fascinante, pero también cargada de interrogantes éticos y filosóficos que aún estamos empezando a formular. Lo que es seguro es que la fusión de inteligencia artificial y moda es ya irreversible, y sus implicaciones, por ambivalentes que sean, serán un tema clave de debate en los próximos años.

CAPÍTULO 8: LA IA EN EL DISEÑO DE LA EXPERIENCIA DEL USUARIO.

En la era moderna de la digitalización, la inteligencia artificial (IA) se está convirtiendo en una fuerza motriz en numerosos campos, desde la medicina a las finanzas. Pero una de las áreas en las que la IA está mostrando un impacto considerable es el diseño de la experiencia del usuario (UX). Sí, la sofisticada tecnología que antes solo se consideraba dominio de ingenieros y científicos de datos está transformando la forma en que interactuamos con las plataformas digitales, haciendo que cada experiencia sea más fluida, intuitiva y personalizada.

La primera pregunta que surge es: ¿cómo puede la IA mejorar realmente el diseño UX? Parece que la IA y la UX pertenecen a dos mundos completamente distintos: la primera se basa en algoritmos y cálculos complejos, mientras que la segunda se centra en la psicología y la interacción humanas. La respuesta está en la integración. La IA puede analizar enormes cantidades de datos con mayor rapidez y eficacia que cualquier ser humano, identificando patrones y tendencias que pueden no ser evidentes a primera vista. Estos datos pueden utilizarse para tomar decisiones de diseño, haciendo que la interfaz sea más eficiente y agradable de usar.

Tomemos como ejemplo la personalización, un concepto con el que todos estamos familiarizados gracias al incesante avance de las tecnologías. La IA puede rastrear el comportamiento de los usuarios, desde las páginas que visitan hasta los productos que ven, para generar recomendaciones muy específicas. Esto no sólo aumenta las posibilidades de compromiso del usuario, sino que también crea una experiencia única para cada individuo. Imagínese entrar en una tienda en línea que le muestre sólo los productos que podrían interesarle, eliminando la necesidad de desplazarse por cientos de opciones irrelevantes. Esto es diseño UX basado en datos y potenciado por IA.

Pero la personalización no es el único aspecto en el que convergen la IA y la UX. Pensemos en los chatbots, ahora un elemento común en sitios web y aplicaciones. No son sólo una forma de automatizar el servicio al cliente, sino también una herramienta para mejorar la experiencia del usuario. Un chatbot bien diseñado puede guiar a los usuarios a través de un sitio web, ofrecer respuestas inmediatas a sus preguntas e incluso anticiparse a sus necesidades, todo lo cual contribuye a una experiencia de usuario más fluida y agradable.

Hay un aspecto ético a considerar cuando se trata de la IA en el diseño de la experiencia del usuario. La personalización, si se lleva al extremo, podría teóricamente conducir a la creación de "burbujas de filtros", en las que los usuarios se ven expuestos únicamente a contenidos e información que refuerzan sus creencias preexistentes. Este es un reto que los diseñadores de UX y los desarrolladores de IA deben abordar con cuidado y responsabilidad.

Así pues, a medida que la IA se abre paso en el campo del diseño de la experiencia del usuario, es esencial recordar que su función no es sustituir el toque humano, sino amplificarlo. El objetivo final sigue siendo el mismo: crear experiencias que no sólo satisfagan, sino que encanten a los usuarios. Con el equilibrio adecuado de análisis de datos e intuición humana, la IA ofrece una amplia gama de herramientas que pueden hacerlo realidad.

La interacción persona-ordenador lleva mucho tiempo siendo objeto de fascinación y estudio. En los inicios de la era informática, el diseño de la experiencia del usuario (UX) se centraba principalmente en la eficiencia y la funcionalidad. Sin embargo, con la llegada de la inteligencia artificial (IA), el panorama ha cambiado radicalmente, abriendo un mundo de posibilidades innovadoras y desafiando las normas establecidas.

Por ejemplo, la personalización. Ya no se trata sólo de una cara amable o un saludo inicial en la pantalla. Ahora la IA puede analizar los datos generados por el usuario en tiempo real para ofrecer una experiencia absolutamente a medida. Imagina una aplicación de compras online que no sólo reconozca tus preferencias de estilo, sino que también se anticipe a tus necesidades futuras en función de los patrones meteorológicos, los próximos eventos en tu zona o incluso las fluctuaciones de la economía. Estamos hablando de un sistema tan avanzado que casi puede leer la mente del usuario.

Además de la personalización, la IA ha tenido un impacto significativo en la usabilidad y la accesibilidad. Las tecnologías de reconocimiento de voz, como los asistentes virtuales, han hecho que la interacción con la tecnología sea más fluida e intuitiva, sobre todo para los usuarios que pueden tener dificultades con las entradas tradicionales, como teclados y pantallas táctiles. Estos asistentes pueden aprender del contexto, de los patrones de habla del usuario e incluso de los tonos vocales para ofrecer una respuesta más humana y precisa.

Pero no nos detengamos ahí. Pensemos en las implicaciones éticas de esta simbiosis cada vez más estrecha entre el ser humano y la máquina. Los algoritmos que impulsan estas experiencias personalizadas podrían, sin un control adecuado, reforzar los prejuicios existentes o invadir la privacidad del usuario. Esta es una consideración crucial para los diseñadores de UX que utilizan IA: ¿cómo equilibramos la innovación con la responsabilidad ética? Las directrices éticas y de privacidad de la IA deben integrarse desde las primeras fases del diseño del producto, y no pueden ser un pensamiento retrospectivo.

La capacidad única de la IA para procesar y analizar grandes cantidades de datos también ofrece oportunidades para probar y mejorar el diseño de la experiencia del usuario de forma más eficaz y rápida que en el pasado. Los sistemas de aprendizaje automático pueden realizar pruebas A/B a gran escala, analizar los resultados y aplicar cambios casi en tiempo real, lo que ofrece una velocidad y una eficacia impensables hace tan solo unos años.

Todo esto es solo la punta del iceberg. A medida que la IA siga evolucionando, se espera que el diseño de la experiencia del usuario sea cada vez más sofisticado, intuitivo y personalizado. Esto supone un reto para los diseñadores, sin duda, pero también una oportunidad extraordinaria. Estamos al principio de una nueva era en la que la tecnología no es sólo una herramienta que utilizamos, sino un socio activo en la configuración de nuestras experiencias cotidianas. Y como toda buena relación, requerirá empatía, comprensión y, sobre todo, capacidad de escucha y adaptación. Los expertos y profesionales del diseño de experiencia de usuario con un profundo conocimiento de la inteligencia artificial serán quienes lideren esta nueva ola de innovación responsable y atractiva.

Sumergirse en el mundo del diseño de la experiencia del usuario (UX Design) es como adentrarse en un laberinto de necesidades, deseos y expectativas humanas. A cada paso hay detalles cruciales que considerar, desde la facilidad de navegación hasta la interacción intuitiva y la gratificación estética. Pero, ¿qué ocurre cuando esta intrincada red de factores se fusiona con la inteligencia artificial? Se abre un horizonte casi infinito de posibilidades, y con él nuevos retos éticos y prácticos.

Antes de sumergirnos en la simbiosis de la IA y el diseño UX, es vital comprender la esencia de ambos campos. La Inteligencia Artificial no es sólo un conjunto de algoritmos; es un intento de replicar la intuición humana a través de la computación. Por otro lado, el diseño de la experiencia del usuario no consiste únicamente en lo bonito o funcional que parece un producto, sino en plasmar una idea en una interfaz que satisfaga las necesidades del usuario.

Ahora, imagine condensar el inmenso poder de la IA en el delicado equilibrio del diseño de la experiencia del usuario. Sí, estamos hablando de chatbots cada vez más inteligentes que pueden interpretar el tono emocional de los usuarios, algoritmos de recomendación que aprenden dinámicamente las preferencias de los usuarios para hacer sugerencias cada vez más precisas e interfaces predictivas que anticipan las necesidades de los usuarios antes incluso de que las expresen.

Pero la verdadera fascinación reside en las sutiles interacciones que la IA puede moldear, influyendo no sólo en el comportamiento del usuario, sino también en su percepción. Tomemos, por ejemplo, una aplicación de fitness que utiliza la IA para analizar los datos biométricos del usuario. Además de ofrecer sugerencias de ejercicios, la aplicación podría adaptar todo el diseño y las interacciones en función del nivel de estrés o energía del usuario, creando una experiencia única y personalizada.

Pero, como suele decirse, un gran poder conlleva también una gran responsabilidad. La aplicación de la IA al diseño de la experiencia del usuario plantea cuestiones éticas y prácticas que van desde la privacidad a la inclusión. La IA es capaz de recopilar e interpretar datos sensibles, por lo que es imperativo abordar las cuestiones relativas a la protección de datos. Además, el uso exclusivo de algoritmos podría generar sesgos y discriminación, desafiando el objetivo fundamental del diseño inclusivo.

El camino por recorrer es aún largo y está lleno de incertidumbres, pero una cosa es cierta: la combinación de IA y diseño de la experiencia del usuario tiene el poder de redefinir la forma en que interactuamos con la tecnología y, en última instancia, con el mundo que nos rodea. No se trata sólo de hacer las cosas más fáciles, más rápidas o más bonitas, sino de crear experiencias que sean realmente significativas y reflejen la complejidad y diversidad de la experiencia humana.

Por eso, mientras diseñadores e ingenieros se enfrentan a estos retos, es fundamental que los usuarios también sean conscientes de este viaje y participen en él, porque al final, cada interfaz, cada píxel, cada línea de código es un pequeño paso hacia un futuro en el que la tecnología no sea sólo una herramienta, sino una parte integral de nuestra humanidad.

La inteligencia artificial y el diseño de la experiencia del usuario son dos mundos que pueden parecer polos opuestos y, sin embargo, la intersección entre ambos es un crisol de infinitas posibilidades. Especialmente cuando hablamos de accesibilidad, la contribución de la inteligencia artificial va más allá de la mera automatización y toca esferas más profundas como la empatía, la equidad y la inclusión.

La experiencia del usuario (UX) ya no se limita a la estética o la navegabilidad de un sitio web. En un mundo cada vez más interconectado, la UX se convierte en la clave para que las tecnologías sean accesibles para todos, independientemente de la capacidad o discapacidad de cada persona. Cuando hablamos de accesibilidad en el diseño, estamos hablando de un diseño que trasciende las limitaciones físicas y cognitivas, dando a todos los usuarios un acceso igualitario e independiente a la información y la funcionalidad.

Y aquí es precisamente donde entra en juego la inteligencia artificial. Tomemos como ejemplo los sistemas de reconocimiento de voz, como los asistentes virtuales. Estas tecnologías, basadas en algoritmos de aprendizaje automático, se han convertido en herramientas indispensables para las personas con discapacidades del desarrollo. Hablamos de individuos que pueden tener dificultades para utilizar un teclado o un ratón, pero que pueden navegar por Internet o controlar dispositivos inteligentes mediante sencillos comandos de voz.

Pero la aplicación de la IA al diseño de la experiencia del usuario va mucho más allá del reconocimiento de voz. Pensemos en los chatbots, que a menudo funcionan con algoritmos de procesamiento del lenguaje natural (PLN). No sólo ofrecen ayuda inmediata, sino que pueden programarse para reconocer signos de frustración o confusión en el lenguaje del usuario, adaptando sus respuestas en consecuencia. Esta sensibilidad lingüística puede marcar la diferencia entre una experiencia de usuario normal y una experiencia realmente atractiva y personalizada.

No olvidemos los avances en visión por ordenador, que abren nuevas puertas a la accesibilidad. Las aplicaciones que utilizan la visión por ordenador para interpretar y describir imágenes y vídeos se están convirtiendo en herramientas de ayuda para los usuarios con discapacidad visual. Y si piensa que se trata sólo de aplicaciones futuristas, se equivoca. Hoy en día, gracias a la IA, es posible que una persona ciega "lea" un libro o "vea" un cuadro en un museo a través de descripciones de audio generadas automáticamente.

Sin embargo, es crucial abordar una reflexión crítica sobre el papel ético de la IA en la accesibilidad. Los algoritmos aprenden de los datos, y si estos datos reflejan sesgos o desigualdades presentes en la sociedad, existe el riesgo de que la IA perpetúe estas injusticias en lugar de mitigarlas. Por lo tanto, mientras exploramos el enorme potencial de la IA en UX y accesibilidad, también debemos mantener una visión holística que tenga en cuenta el impacto social y cultural de estas tecnologías.

La unión de la inteligencia artificial y el diseño de la experiencia del usuario tiene el potencial de cambiar la forma en que interactuamos con el mundo digital. Pero como en todo buen matrimonio, se necesita comprensión, adaptabilidad y diálogo constante para garantizar que ambas partes contribuyan a construir un futuro más inclusivo y accesible para todos.

En el universo del diseño, la inteligencia artificial se ha convertido en una fuerza silenciosa pero impactante que está remodelando los límites de la experiencia del usuario. A primera vista, el diseño y la inteligencia artificial pueden parecer disciplinas distantes, casi irreconciliables. El diseño se considera un arte, impregnado de empatía y profunda comprensión del comportamiento humano, mientras que la inteligencia artificial se asocia a menudo con algoritmos rígidos y análisis de datos. Sin embargo, cuando estas dos esferas convergen, se produce una especie de alquimia que puede transformar radicalmente nuestra interacción con las plataformas digitales.

Tomemos, por ejemplo, una aplicación de fitness. Tradicionalmente, la experiencia del usuario en ese contexto se basa en un conjunto de elementos predefinidos: seguimiento de la actividad, planes de entrenamiento, información en tiempo real, etc. Pero imaginemos una aplicación que vaya más allá, que se base en el análisis de datos. Pero imaginemos una aplicación que va más allá y utiliza la IA para personalizar todos los aspectos de la experiencia. En este caso, la IA analiza los datos históricos, observa los hábitos del usuario y se anticipa a sus necesidades, ofreciéndole sugerencias proactivas y planes de entrenamiento a medida. Ya no se trata de un producto estándar, sino de un entrenador personal digital que entiende, aprende y se adapta al usuario.

En un esclarecedor estudio de caso, la empresa de diseño IDEO se asoció con un hospital para utilizar la IA en la mejora de la experiencia del paciente. En lugar de limitarse a digitalizar los procesos existentes, utilizaron algoritmos de aprendizaje automático para analizar grandes conjuntos de datos sobre interacciones entre pacientes y personal sanitario. Esta información se utilizó para entrenar un chatbot que respondiera eficazmente a las preguntas más frecuentes de los pacientes, liberando tiempo valioso del personal y proporcionando información precisa y oportuna a los pacientes. ¿El resultado? Un aumento significativo de la satisfacción de los pacientes y un uso más eficaz de los recursos del hospital.

Otro ámbito en el que la IA está revolucionando el diseño de la experiencia del usuario es la industria de la moda. Los sistemas de IA que utilizan técnicas de visión por ordenador están transformando la forma en que los usuarios buscan y compran ropa en línea. En lugar de desplazarse por listas interminables de productos, los usuarios pueden subir una foto del conjunto deseado y la IA encontrará artículos similares en distintas tiendas, lo que facilita una experiencia de compra más atractiva y personalizada.

Estos ejemplos ilustran cómo puede utilizarse la IA para crear experiencias de usuario más intuitivas, eficaces y gratificantes. Pero la verdadera magia se produce cuando los diseñadores son conscientes de las capacidades y limitaciones de la IA, utilizándola no como sustituto del ingenio humano, sino como un potente extensor del mismo.

La clave, pues, es una colaboración sinérgica entre el diseño y la inteligencia artificial. En esta unión de disciplina y tecnología, el diseño aporta la visión y la empatía, mientras que la IA proporciona las herramientas para hacer realidad estas visiones de forma escalable y eficiente. El resultado es una experiencia de usuario a la vez humana y extraordinariamente avanzada, que sitúa al individuo en el centro de un ecosistema digital en constante evolución. Este es el futuro del diseño de la experiencia del usuario, un futuro en el que la IA no es un mero intérprete, sino un socio colaborador en la creación de mundos mejores y más acogedores.

CAPÍTULO 9: LOS RETOS ÉTICOS DE LA IA CREATIVA.

En el encantador y complejo mundo de la inteligencia artificial, la dimensión creativa es cada vez más prominente. Pensemos en obras de arte generadas por algoritmos, música compuesta por software y letras escritas por máquinas cada vez más sofisticadas. Estas innovaciones representan una nueva frontera, no sólo tecnológica, sino también ética y jurídica. La IA creativa desafía nuestro concepto tradicional de autoría, abriendo debates sobre derechos de autor y atribución que antes eran impensables.

Una de las cuestiones más acuciantes es la propiedad intelectual. ¿A quién pertenecen los derechos de una obra generada algorítmicamente? ¿Es el ingeniero que programó la IA, el usuario que activó el algoritmo, o incluso podría ser la propia IA, aunque ésta es una perspectiva controvertida y ampliamente debatida? La legislación sobre derechos de autor, en muchos países, se concibió en un momento en el que la IA aún no había mostrado su potencial creativo; por lo tanto, adaptar los principios jurídicos existentes a este nuevo contexto es un reto que tiene profundas implicaciones.

Las consideraciones éticas se entrelazan con estas cuestiones jurídicas. La atribución, por ejemplo, se convierte en un terreno resbaladizo. Si un algoritmo "aprende" a escribir poesía analizando las obras de un poeta famoso, ¿es ético atribuir la creación únicamente al algoritmo? ¿O habría que reconocer de algún modo la contribución del poeta original, cuya obra "nutrió" a la IA? Estas cuestiones se vuelven aún más complejas cuando pensamos en formas de IA que pueden procesar aportaciones de múltiples fuentes, lo que hace que la atribución no sólo sea difícil, sino a veces casi imposible de determinar.

El concepto de "responsabilidad" también adquiere nuevos matices. Cuando un algoritmo creativo produce algo controvertido o incluso ofensivo, ¿quién debe rendir cuentas? Los programadores del algoritmo pueden no haber previsto tal resultado, y el usuario final puede desconocer por completo los detalles técnicos que llevaron a la creación de la obra en cuestión. La culpa se diluye así en una cadena de interacciones tan intrincada que la responsabilidad es difícil de precisar.

Otro aspecto importante es la democratización del arte y la creatividad. Por un lado, la IA abre nuevas oportunidades para cualquiera que tenga acceso a estas tecnologías. Por otro, plantea el riesgo de un empobrecimiento de la creatividad humana si se empieza a poner demasiado énfasis en la producción algorítmica. La creatividad es un sello distintivo de la experiencia humana, y es fundamental sopesar cuidadosamente cómo entran las máquinas en este espacio.

Si los retos son enormes, las posibilidades son igualmente estimulantes. La IA creativa podría ampliar nuestros horizontes artísticos e intelectuales, permitiéndonos explorar nuevas formas de expresión y comprender mejor la naturaleza humana y la propia creatividad. Pero para navegar con éxito por estas aguas inexploradas, es esencial que el derecho y la ética evolucionen de la mano de la tecnología. Sólo así podremos garantizar que la llegada de la IA creativa enriquezca, en lugar de empobrecer, nuestro patrimonio cultural y artístico.

La IA creativa es una subdisciplina emergente que plantea cuestiones fundamentales sobre la naturaleza del ingenio, el arte y, en última instancia, los propios seres humanos.

Desde algoritmos que componen sinfonías hasta sistemas que generan obras de arte visuales, la IA creativa está cambiando profundamente el panorama de la innovación. Pero, como ocurre con cualquier tecnología revolucionaria, los retos éticos son inevitables y exigen una seria consideración.

La parcialidad es uno de los problemas más acuciantes de la IA. En un nivel fundamental, el sesgo en un algoritmo es a menudo el resultado de datos de entrenamiento desequilibrados. Si un algoritmo se entrena con un conjunto de datos que contiene sesgos, el sistema aprenderá esos sesgos y los perpetuará. Por ejemplo, si un algoritmo de escritura creativa se entrena sólo con literatura occidental, el resultado será una IA con una visión estrecha de la cultura global. Eliminar los prejuicios no es sólo un imperativo ético, sino también un requisito previo para una auténtica innovación en la IA creativa.

Paralelamente a la parcialidad, la discriminación es otra cuestión que requiere examen. Mientras que el sesgo puede ser involuntario, la discriminación se produce cuando estos sesgos informan decisiones que afectan negativamente a individuos o grupos específicos. Pensemos en un algoritmo de IA utilizado en recursos humanos para analizar solicitudes de empleo: si el algoritmo ha sido entrenado en un conjunto de datos que favorece a un determinado sexo o etnia, esto puede dar lugar a decisiones de contratación discriminatorias. Las implicaciones éticas son enormes y pueden tener repercusiones a largo plazo no sólo para las personas discriminadas, sino también para la sociedad en su conjunto, que pierde la aportación de mentes brillantes simplemente por culpa de sesgos algorítmicos.

En el contexto de la creatividad, la IA también plantea retos relacionados con la autoridad y la propiedad intelectual. ¿A quién pertenecen los derechos de una obra de arte generada algorítmicamente? ¿Es el ingeniero que diseñó el algoritmo, el proveedor de datos o quizá el usuario que dio la orden inicial? Estas cuestiones ponen en tela de juicio la normativa vigente sobre propiedad intelectual y exigen nuevos modelos jurídicos y éticos.

Además de estas consideraciones, está la cuestión de la transparencia. Muchas de las técnicas más avanzadas de la IA, como las redes neuronales profundas, son notoriamente difíciles de interpretar, lo que hace casi imposible entender cómo el algoritmo llegó a una decisión o creación concreta. En un mundo en el que la comprensión humana es fundamental para la rendición de cuentas, la falta de transparencia es un obstáculo ético importante.

Estos dilemas no son insolubles, pero requieren un enfoque multidisciplinar en el que participen especialistas en ética, ingenieros, artistas y abogados. El debate público es igualmente crucial. Como sociedad, debemos decidir qué valores queremos que refleje nuestra tecnología, porque la IA creativa, como cualquier otra forma de creatividad, es en última instancia un espejo de nuestras aspiraciones, prejuicios y valores colectivos.

Cuando hablamos de inteligencia artificial (IA) creativa, es fácil pensar en las apasionantes aplicaciones que están revolucionando campos como el arte, el diseño y la música. Pero mientras celebramos esta increíble evolución tecnológica, es crucial no olvidar las cuestiones éticas que se avecinan y el inevitable impacto en el empleo.

La IA creativa desafía los límites tradicionales de la propiedad intelectual. Un algoritmo puede generar una pieza musical o una obra de arte, pero ¿a quién pertenece realmente esa obra? En un mundo en el que las contribuciones creativas pueden ser tanto humanas como de máquinas, la línea que separa la originalidad de la imitación es cada vez más difusa. Al mismo tiempo, también nos enfrentamos a cuestiones sobre la autoría moral de estas creaciones. Si un algoritmo crea una obra de arte culturalmente insensible o controvertida, ¿quién es el responsable? Disponer de un sistema de IA capaz de crear al nivel humano plantea cuestiones éticas no sólo sobre la responsabilidad, sino también sobre la importancia de preservar la integridad y singularidad del ingenio humano.

Estas cuestiones están estrechamente relacionadas con el problema del empleo. A medida que mejore la IA creativa, se producirá un solapamiento cada vez mayor con trabajos que antes se consideraban de dominio exclusivamente humano. Los diseñadores gráficos, los redactores publicitarios e incluso los compositores ya están empezando a sentir el peso de la competencia algorítmica. El peligro es doble: la disminución de las oportunidades de trabajo para los profesionales creativos y una posible erosión de la calidad en el campo de la producción creativa. Los algoritmos, aunque avanzados, no pueden (al menos por ahora) emular el profundo contexto emocional y cultural que un ser humano aporta a un proyecto creativo. Puede existir el riesgo de que, al intentar automatizar el proceso creativo, perdamos elementos de sensibilidad y complejidad humanas.

Tampoco podemos ignorar las implicaciones de la clase social y la accesibilidad. Las tecnologías creativas de IA, en general, están patentadas y son caras. Esto podría conducir a una especie de elitismo creativo, en el que sólo aquellos que puedan permitirse estos recursos avanzados tendrán la oportunidad de competir en el mercado. Esto podría exacerbar aún más las desigualdades existentes en el mundo laboral y fuera de él.

Pero no todo es pesimismo. También deberíamos considerar el potencial de una colaboración más estrecha entre humanos y máquinas. Con la gobernanza adecuada, los algoritmos creativos podrían actuar como herramientas que amplíen nuestras capacidades, más que como sustitutos. En ese caso, la ética exigiría que estas tecnologías se diseñaran y aplicaran de forma que potenciaran el ingenio humano en lugar de sustituirlo, garantizando al mismo tiempo un acceso equitativo y democratizado.

Mientras seguimos navegando por el mar aún inexplorado de la IA creativa, es imperativo que la ética y el humanismo sean nuestros timoneles. Las decisiones que tomemos hoy conformarán no sólo el futuro del sector creativo, sino que afectarán profundamente a la textura moral de nuestra sociedad. Así pues, mientras aprovechamos las increíbles oportunidades que nos brindan estas tecnologías avanzadas, debemos actuar con la máxima conciencia de las responsabilidades éticas que conllevan.

A medida que la inteligencia artificial sigue avanzando, haciéndose cada vez más sofisticada y capaz de emular el comportamiento humano, surgen nuevos retos éticos y jurídicos que ya no pueden ignorarse. Uno de los ámbitos más intrigantes es el de la IA creativa: software capaz de componer música, escribir poesía e incluso pintar cuadros. Pero, ¿qué ocurre cuando una máquina crea algo que tradicionalmente se atribuye al ingenio humano? ¿A quién pertenecen los derechos de estas creaciones y cómo manejamos las implicaciones éticas que se derivan de estas cuestiones?

Cuando hablamos de IA creativa, los derechos de autor suelen ser la primera cuestión jurídica que nos viene a la mente. Normalmente, la creación de una obra de arte o una pieza musical está protegida por derechos de autor, que otorgan al creador derechos exclusivos sobre su distribución y monetización. Sin embargo, en el contexto de la IA, determinar la propiedad intelectual se convierte en un terreno resbaladizo. Si un software compone una sinfonía o escribe una novela, ¿quién es el verdadero autor? ¿Es el ingeniero que programó el algoritmo, el usuario que proporcionó los datos de entrada o la propia máquina?

La cuestión se complica aún más si consideramos los aspectos éticos. Muchos creen que atribuir la propiedad intelectual a una máquina sería un paso excesivo que podría fomentar la mercantilización del arte y la cultura. A otros les preocupa que la IA pueda utilizarse para plagiar o duplicar obras de arte ya existentes, diluyendo la singularidad y el valor intrínseco de la creatividad humana. Ante estas consideraciones, queda claro que las leyes actuales son inadecuadas para abordar los retos que plantea la IA creativa.

Pero no son sólo las cuestiones de propiedad intelectual las que nos hacen reflexionar; también hay implicaciones éticas relacionadas con la responsabilidad y la rendición de cuentas. Supongamos que un algoritmo creativo genera contenidos ofensivos o incluso ilegales. ¿Quién tiene la culpa? ¿Es ético utilizar la IA creativa en campos como el periodismo o la medicina, donde la precisión y la integridad de la información son primordiales? ¿Qué pasa con el uso de la IA para crear deepfakes, que pueden manipular la percepción de la realidad y tener graves repercusiones sociales y políticas?

Es fundamental que los profesionales, los expertos en ética y los legisladores trabajen juntos para navegar por este entorno en rápida evolución. Es posible que se necesiten nuevas leyes y reglamentos, o al menos una adaptación de las leyes existentes, para garantizar que la IA creativa pueda prosperar sin comprometer los principios éticos y legales que valoramos. Al mismo tiempo, debemos estar abiertos al diálogo y la reflexión, invitando a diversas voces al debate sobre cómo la IA puede influir en el futuro de la creatividad humana.

Abordar los retos éticos y jurídicos de la IA creativa no es sólo una cuestión de adaptación normativa, sino también de introspección colectiva. Es una oportunidad para reconsiderar qué significa ser creativo y qué valores queremos preservar en un mundo cada vez más influido por la tecnología. La IA nos obliga a enfrentarnos a cuestiones que van al corazón de la condición humana, incitándonos a reflexionar sobre lo que realmente queremos de este extraordinario matrimonio entre el hombre y la máquina.

En el panorama digital actual, la creatividad ya no es dominio exclusivo de los humanos. La inteligencia artificial (IA) está canalizando su potencial de formas que desafían los límites convencionales del ingenio humano. Ahora es capaz de componer música, generar imágenes y escribir textos que podrían engañar incluso al observador más experimentado. Sin embargo, bajo esta brillante capa de innovación surgen cuestiones éticas que merecen un profundo escrutinio.

Imaginemos un algoritmo de IA que crea una composición musical. La composición es indistinguible de la de un ser humano y toca las cuerdas de la emoción y el intelecto de forma magistral. Pero ¿a quién pertenece esta pieza? ¿Puede la IA reclamar derechos de autor? Y, en un contexto más amplio, su capacidad para crear arte plantea dudas sobre la originalidad y la autenticidad. Si el arte es una prolongación de la experiencia humana, ¿qué significa que una máquina pueda reproducirla con tanta fidelidad?

Luego están las cuestiones éticas relacionadas con la responsabilidad. Cuando un algoritmo crea algo controvertido o potencialmente dañino, ¿quién es el responsable? ¿El programador que codificó los algoritmos? ¿Es el usuario quien establece los parámetros? ¿O es la sociedad en general la que ha permitido que estas tecnologías se desarrollen sin un marco ético adecuado? La cuestión de la responsabilidad es una maraña de complicaciones jurídicas y morales.

Uno de los aspectos más delicados de los retos éticos es la justicia social. Los algoritmos de IA se entrenan con datos que, más a menudo de lo que se piensa, reflejan los prejuicios y desigualdades existentes en la sociedad. Así que cuando la IA crea algo, siempre existe el riesgo de que perpetúe estereotipos y desigualdades perjudiciales. En un mundo en el que el arte y la cultura son poderosos medios de representación, las repercusiones de este desafío ético son profundas y duraderas.

Y luego está la preocupación por la identidad cultural. La IA puede apropiarse fácilmente de elementos de diversas culturas para crear algo "nuevo", pero esto plantea cuestiones sobre la protección del patrimonio cultural y la apropiación cultural. En una era en la que la tecnología puede acceder fácilmente a recursos globales, es fundamental reflexionar sobre cómo preservar la integridad de las culturas.

De cara al futuro, está claro que los retos éticos de la IA creativa no se disiparán. De hecho, es probable que se vuelvan cada vez más complejos a medida que avance la tecnología. Las implicaciones son inmensas, no sólo para los artistas y creadores, sino para la sociedad en su conjunto. Por lo tanto, será fundamental desarrollar un marco ético sólido e inclusivo que pueda guiar la evolución de la IA creativa.

Una forma de hacerlo podría ser implicar a un abanico más amplio de voces en el diálogo sobre estas cuestiones, desde la comunidad científica a los responsables políticos, desde los artistas a los especialistas en ética. Otra vía podría ser la realización de auditorías éticas durante las fases de desarrollo y despliegue de las tecnologías de IA creativa.

Así pues, mientras nos maravillamos ante las proezas de la IA en el ámbito creativo, es crucial recordar que un gran poder conlleva también una gran responsabilidad. Es una responsabilidad que todos debemos compartir si queremos navegar con éxito por el futuro cada vez más complejo de la IA creativa.

CAPÍTULO 10: MÁS ALLÁ DEL PRESENTE: EL FUTURO DE LA IA CREATIVA

Al navegar por la inmensidad del campo de la inteligencia artificial, es fácil sentirse abrumado por el enorme volumen de innovaciones tecnológicas. Pero hoy ofrezco una vía alternativa, alejada de las complicaciones de los tensores y los retos de los algoritmos. Hagamos un viaje al mundo del mañana, donde la inteligencia artificial no será sólo una herramienta, sino un socio creativo, una musa digital que podría incluso dar un nuevo significado a la frase "invención humana".

Imaginemos un mundo en el que la inteligencia artificial va más allá de su función tradicional de asistente o facilitador para convertirse en un colaborador activo en el ámbito de la creatividad. Ya estamos viendo los primeros pasos de este fenómeno en ámbitos como el arte y la música, donde algoritmos generativos colaboran con pintores y músicos para crear obras nuevas e innovadoras. Pero, ¿y si ampliamos este concepto a ámbitos menos convencionales, como la escritura creativa, la composición musical o incluso la filosofía?

Uno de los conceptos más desafiantes es el de la inteligencia artificial como una especie de "plataforma creativa", un lienzo en el que los humanos pueden pintar sus ideas de una forma más profunda y significativa. Tomemos como ejemplo el concepto de "IA ética", una subdisciplina que explora cómo los sistemas de inteligencia artificial pueden tomar decisiones éticas. En el futuro, es posible que veamos algoritmos que no sólo ayuden a los especialistas en ética a modelizar los temas más complejos, sino que también generen de forma autónoma nuevas teorías o conceptos éticos para una mayor reflexión y debate humanos.

Pero incluso en el día a día, la IA creativa tiene el potencial de revolucionar nuestra forma de vivir y trabajar. Pensemos en las aplicaciones en el diseño de interiores, donde la IA podría trabajar con arquitectos y diseñadores para crear espacios no sólo estéticamente agradables, sino optimizados para el bienestar psicológico. O pensemos en el potencial de la moda, donde los algoritmos podrían diseñar prendas que cambiaran de color o forma en función del estado de ánimo, gracias a sensores de biorretroalimentación integrados.

Uno de los mayores obstáculos para hacer realidad este futuro es la cuestión de la "personalidad" de la IA. Si queremos que la IA sea un colaborador creativo, es crucial que estas máquinas tengan un sentido de la individualidad. Los trabajos recientes en el campo de la "personalización de la IA" están explorando formas de crear sistemas que puedan adaptarse a los gustos, preferencias e incluso estados de ánimo de los usuarios, haciendo que la interacción con la IA sea más natural e intuitiva.

El camino hacia una IA creativa está sembrado de preguntas sin respuesta y dilemas éticos. Nos enfrentaremos a retos como la propiedad intelectual, los derechos de autor e incluso las implicaciones sociales y culturales de la creatividad compartida entre humanos y máquinas. Pero a pesar de estas incertidumbres, es imposible no emocionarse ante la idea de lo que puede depararnos el futuro.

Así pues, miremos más allá del horizonte actual, hacia un mundo en el que la inteligencia artificial no sea una mera entidad calculadora, sino un socio en la exploración de las infinitas posibilidades del pensamiento y la creatividad humanos. En este nuevo mundo, no sólo aprenderemos de la IA, sino que esperaremos que ella aprenda de nosotros, convirtiéndose en un ecosistema de innovación y descubrimiento que beneficiará a todos los aspectos de la sociedad.

El futuro de la Inteligencia Artificial (IA) creativa está tomando forma ante nuestros ojos, en una sinergia dinámica de ingeniería, ética, arte y audaces visiones del mañana. A menudo pensamos en la IA como una fuerza puramente analítica, optimizada para procesar datos o resolver ecuaciones complejas. Pero hay un territorio inexplorado en el que la IA se une a la creatividad humana, y ahí es donde se está produciendo una revolución.

Imaginemos un mundo en el que las IA ayudan a los compositores a escribir sinfonías que desafían los límites convencionales de la teoría musical. Piense en un museo en el que los cuadros son diseñados por algoritmos capaces de entender y emular estilos artísticos que van desde el Renacimiento hasta el Impresionismo y más allá. Esto no es sólo el grano de una utopía; es una posibilidad realista alimentada por las fronteras actuales de la investigación.

Desde los laboratorios académicos hasta los garajes de las nuevas empresas, se está intentando enseñar a las máquinas no sólo a pensar, sino también a "sentir" en el sentido más artístico de la palabra. Una de las herramientas más prometedoras en este contexto es la Red Adversarial Generativa (GAN), una clase de algoritmos de aprendizaje automático. Las GAN están demostrando que pueden producir arte visual, componer música e incluso escribir poesía con estilos indistinguibles del estilo humano. En algunos casos, las obras creadas por GAN ya han obtenido reconocimientos y premios.

Pero, ¿cuál será el impacto de estas innovaciones en nuestro concepto de creatividad y, más en general, en la cultura humana? Por un lado, existe el potencial de una democratización sin precedentes del arte y el diseño. La IA podría hacer más accesibles las disciplinas artísticas, derribando las barreras económicas y técnicas que hoy limitan el acceso a los medios de producción creativa.

Por otro lado, surgen complejas cuestiones éticas. ¿A quién pertenecen los derechos de autor de una obra de arte generada algorítmicamente? ¿Y qué valor debemos dar al arte "auténtico" en una época en que las máquinas pueden emular estilos con una precisión impresionante? Son preguntas que nos obligan a reflexionar sobre el significado mismo de la creatividad.

Y mientras navegamos por estas aguas inexploradas, es crucial no perder de vista las implicaciones sociales y políticas. La IA creativa podría amplificar o incluso radicalizar las dinámicas de poder y control existentes. Podría utilizarse para manipular la opinión pública mediante la generación de noticias falsas pero creíbles o para reforzar estereotipos perjudiciales a través de la representación artística.

La investigación sobre estas cuestiones y otras relacionadas es más pertinente que nunca. Nos encontramos justo al principio de una nueva era en la que la IA y la creatividad coexisten e interactúan de formas que sólo podíamos imaginar hace una década. Y a medida que nos aventuramos más allá de hoy, es nuestro trabajo como ingenieros, artistas, éticos y ciudadanos dar forma a este futuro de manera responsable y esclarecedora.

La idea de la inteligencia artificial (IA) como herramienta computacional avanzada ha quedado obsoleta; ahora estamos explorando la dimensión de la creatividad. Imaginemos un mundo en el que la IA no sea sólo un asistente, sino un colaborador artístico, un mentor educativo e incluso un filósofo. Esta es la dirección en la que nos movemos, y es un viaje que promete ser tan atractivo como innovador.

En el campo de la creatividad, la IA ya está contribuyendo de formas antes impensables. Desde programas de generación de música hasta sistemas de diseño gráfico, la máquina está aprendiendo no sólo a replicar patrones artísticos, sino también a idear nuevas formas de arte. Pensemos en programas capaces de crear pinturas con estilos que van del Renacimiento a la abstracción, o algoritmos capaces de escribir poesía original. Lo que hace que estas posibilidades sean especialmente emocionantes es que la IA puede convertirse en un amplificador de nuestras capacidades creativas, ofreciendo perspectivas inesperadas y permitiéndonos explorar dominios artísticos que antes eran inaccesibles para la mayoría de la gente.

Y no se trata sólo de arte. La ciencia, la filosofía e incluso la espiritualidad podrían ser terrenos fértiles para la IA creativa. Las implicaciones para la formación y la educación son inmensas. Imagine un entorno de aprendizaje en el que cada estudiante tenga acceso a un mentor de IA personalizado que pueda adaptar el plan de estudios en tiempo real para maximizar el potencial individual. Esto no sólo haría la educación más accesible, sino también más personalizada. La IA podría desempeñar el papel de un educador adicional, capaz de identificar lagunas en el proceso de aprendizaje y ofrecer soluciones específicas.

Sin embargo, también debemos considerar los posibles escollos. La cuestión ética es inevitable: ¿cómo garantizaremos que la IA se utilice de forma responsable, especialmente en ámbitos tan personales como la educación o las artes? Tendremos que desarrollar normas y reglamentos éticos rigurosos que regulen el uso de la IA en estos ámbitos, porque las posibles repercusiones de una aplicación incorrecta pueden ser graves.

Otra consideración clave es la relación entre el hombre y la máquina. Aunque la IA podría liberar a los educadores de tareas mecánicas, proporcionándoles más tiempo para centrarse en aspectos más humanos de la enseñanza, también debemos ser conscientes de la posibilidad de una dependencia excesiva de la tecnología. El objetivo debe ser un equilibrio en el que la IA sea un complemento, no un sustituto, de las interacciones humanas.

Estamos en los albores de una era en la que la IA creativa podría transformar radicalmente nuestra forma de entender la formación, la educación e incluso lo que significa ser humano. A medida que nos adentramos en este nuevo territorio, es fundamental ser conscientes tanto de las extraordinarias oportunidades como de los retos éticos y sociales que conlleva. Desarrolladores, educadores, artistas y todos nosotros tenemos un papel que desempeñar en la configuración de este futuro. Es una tarea que va más allá del presente y se extiende hacia un mañana que podría ser asombroso y profundamente significativo.

En el panorama digital actual, la inteligencia artificial ha impregnado casi todos los aspectos de nuestra vida cotidiana, desde el reconocimiento facial hasta los asistentes virtuales. Pero a medida que la tecnología avanza a pasos agigantados, surge una pregunta fundamental: ¿cuál será el futuro de la IA en el ámbito creativo y cómo podemos hacer que sea sostenible?

No es ningún secreto que la inteligencia artificial ya ha demostrado que puede emular, hasta cierto punto, el ingenio humano en ámbitos como la música, las artes visuales y la escritura. Pero, ¿se trata realmente de creatividad o sólo de imitación avanzada? La respuesta a esta pregunta puede ser la clave para entender el futuro de la creatividad generada por la IA. Y lo que es más importante, nos ayudará a entender si estas innovaciones pueden coexistir de forma sostenible con el bienestar humano y medioambiental.

Por lo general, la creatividad se entiende como una actividad inherentemente humana, un proceso que implica no sólo habilidades técnicas, sino también empatía, intuición y contexto cultural. Pero si vemos la IA como una poderosa herramienta que puede ampliar y amplificar la creatividad humana, en lugar de sustituirla, entonces empezamos a vislumbrar las infinitas posibilidades que podrían surgir de esta simbiosis.

Otro aspecto crítico a tener en cuenta es el impacto

medioambiental de la creciente dependencia de los sistemas de IA para fines creativos. Los grandes centros de datos que alimentan las redes neuronales consumen enormes cantidades de energía, a menudo generada a partir de fuentes no renovables. Por tanto, si queremos trazar un futuro sostenible para la IA creativa, debemos estar preparados para equilibrar la innovación tecnológica con un firme compromiso con la sostenibilidad medioambiental.

Ya existen iniciativas que tratan de mitigar el impacto ecológico de las tecnologías de IA, como la adopción de energías renovables para alimentar los centros de datos o el desarrollo de algoritmos más eficientes desde el punto de vista energético. Pero aún queda mucho por hacer. También deberíamos cuestionarnos el propio significado de "sostenibilidad" en este contexto. Va más allá del mero cumplimiento de las normas medioambientales y abarca también cuestiones de ética, equidad e inclusión.

La inteligencia artificial tiene el potencial de democratizar el acceso a la creatividad, permitiendo a cualquiera expresarse de formas antes impensables. Sin embargo, existe el riesgo de que esta democratización se convierta en una fuerza polarizadora más, en la que las personas con acceso a tecnologías avanzadas tengan una ventaja indebida sobre los menos afortunados.

Imaginemos un futuro en el que la inteligencia artificial no sea sólo una herramienta en manos de los seres humanos, sino un socio, un extensor de nuestras capacidades creativas. Imaginemos un futuro en el que la energía necesaria para alimentar estas magníficas máquinas proceda de fuentes sostenibles y renovables. Imaginemos un futuro en el que las oportunidades creativas se distribuyan de forma más equitativa, independientemente del origen socioeconómico de cada individuo. Sólo entonces podremos decir que hemos encontrado un equilibrio, un punto en el que la tecnología y la humanidad, la innovación y la sostenibilidad, coexisten en un ecosistema armonioso y fructífero.

Responder a estas preguntas y afrontar estos retos no es tarea exclusiva de científicos, tecnólogos o artistas, sino de todos nosotros. Cada uno de nosotros tiene un papel que desempeñar en la configuración de este futuro incierto pero apasionante. La IA creativa es una frontera que estamos empezando a explorar y, como en cualquier nueva frontera, la precaución es tan necesaria como la audacia. Pero una cosa es segura: el viaje será tan extraordinario como los destinos que alcancemos.

El panorama de la inteligencia artificial evoluciona a un ritmo asombroso, creando oportunidades y retos sin precedentes. Una de las áreas más apasionantes y controvertidas es, sin duda, la de la IA creativa, en la que las máquinas se lanzan a tareas tradicionalmente consideradas propias de la inteligencia humana, como el arte, la escritura y la composición musical. Pero, ¿qué nos depara el futuro en este campo en rápida evolución?

Para muchos, la IA creativa representa un dilema ético. Por un lado, existe la posibilidad de que la inteligencia artificial libere a los humanos de tareas monótonas, permitiendo un mayor énfasis en la innovación y el descubrimiento. Por otro lado, surgen cuestiones espinosas relacionadas con la propiedad intelectual, la autenticidad y el valor de la contribución humana. Por ejemplo, si un algoritmo compone una sinfonía o escribe una novela, ¿quién se lleva el mérito? ¿Y cuál es el significado de "creatividad" en un contexto en el que una máquina puede generar obras de arte a una velocidad inimaginable para un ser humano?

Uno de los aspectos más intrigantes es la posible colaboración entre inteligencias artificiales y humanas en el proceso creativo. Ya estamos viendo un aumento de las plataformas que facilitan esta sinergia, permitiendo a artistas, escritores y músicos utilizar la IA como herramienta para ampliar su repertorio de expresión. Pero a medida que las máquinas se vuelven cada vez más competentes, crece también la preocupación de que puedan empezar a sustituir a los humanos en funciones que requieren sensibilidad emocional e interpretación. El reto, por tanto, es equilibrar el uso de la IA como herramienta potenciadora sin distorsionar la esencia del arte y la creatividad humanos.

Tampoco podemos ignorar las implicaciones económicas. Con la IA produciendo contenidos a un ritmo exponencial, el mercado podría inundarse de obras "creativas" generadas algorítmicamente, reduciendo el valor percibido del trabajo humano. Esto podría llevar a una reorganización de la economía de la creatividad, con nuevos modelos de remuneración y un mayor énfasis en otros elementos, como la interpretación o el comisariado. Además, están surgiendo nuevas cuestiones sobre la jurisprudencia relacionada con los derechos de autor. ¿Cómo regular las obras creadas por algoritmos? Se trata de un terreno aún inexplorado que necesita un debate abierto e integrador.

¿Y qué hay del potencial de la tecnología para hacer surgir nuevas formas de arte y expresión que podrían no ser concebibles únicamente a través del ingenio humano? Pensemos en estructuras arquitectónicas hipercomplejas o en nuevos géneros musicales que podrían surgir de la colaboración entre el hombre y la máquina. Al mismo tiempo, existe el riesgo de que la IA creativa estandarice la estética y reprima la diversidad cultural. Al fin y al cabo, los algoritmos se entrenan a partir de datos existentes y, por tanto, pueden perpetuar y amplificar tendencias y prejuicios culturales.

El camino que queda por recorrer está lleno de incertidumbres, pero también de inmensas posibilidades. La IA creativa podría representar una nueva frontera en la historia de la creatividad humana, pero es esencial que nos acerquemos a este futuro con los ojos, el corazón y la mente abiertos. El debate sobre el papel de la IA en el mundo creativo es tan urgente como inevitable, y cada uno de nosotros tiene un lugar en el diálogo que dará forma a su impacto en nuestro futuro.

EPÍLOGO

Imagine un mundo en el que un ordenador pueda escribir una sinfonía que le haga llorar, una escultura digital que le deje sin aliento o una novela que le mantenga pegado hasta la última página. "El Arte de la IA: Cómo Afecta la Tecnología a la Creatividad" es una guía innovadora que descubre el velo de esta nueva y apasionante frontera en la que el arte y la tecnología bailan en un intrincado tango de posibilidades.

En el primer capítulo, exploramos cómo la inteligencia artificial ya no es sólo un conjunto de algoritmos y cálculos, sino que se ha convertido en un socio colaborador en el ecosistema creativo. Viajamos a través del tiempo, desde las primeras exploraciones artísticas con IA hasta los vertiginosos avances actuales, y sondeamos tanto las turbulentas aguas de la ética como las vastas profundidades del potencial inexplorado.

A continuación, el libro se adentra en los fundamentos técnicos que impulsan estas maravillas. Descubrió cómo los algoritmos generativos, las redes neuronales y los nuevos programas informáticos están cambiando la faz de la creatividad, desde la música hasta la moda. Tanto si es usted artista, programador o simplemente un entusiasta curioso, estos conceptos le servirán de base para comprender las aplicaciones prácticas que vienen a continuación.

¿Y qué mejor representación del potencial de esta fusión de hombre y máquina que la música? Examinamos cómo la IA puede ayudar en la composición, los arreglos e incluso el análisis de la música, allanando el camino a nuevos géneros y experiencias sonoras. De Bach a los Beatles, imagine lo que puede surgir de esta nueva relación simbiótica entre músicos y máquinas.

Pero no sólo se está revolucionando la música. El arte visual, la literatura y el cine son otros tantos teatros en los que la IA está ofreciendo nuevas formas de expresar la visión humana. ¿Ha pensado alguna vez cómo un algoritmo podría ayudar a restaurar una obra maestra del Renacimiento? ¿O cómo podría interpretar y dar vida a los personajes de una novela? Ya no son preguntas retóricas; son la realidad de hoy.

Tampoco debemos olvidar la moda y el diseño de la experiencia del usuario, donde la IA está creando soluciones sostenibles y personalizadas. Desde trajes a medida hasta interfaces que se adaptan al comportamiento del usuario, la IA se está convirtiendo en una estilista y diseñadora muy competente.

Sin embargo, como cualquier nueva frontera, la IA creativa presenta sus propios retos éticos. Desde cuestiones de derechos de autor hasta preocupaciones sobre el empleo y la discriminación, es crucial pensar en la responsabilidad social a medida que nos aventuramos en este nuevo territorio.

Este fascinante viaje concluye con una mirada al futuro, los límites de la investigación y el impacto en la educación y la formación. ¿Cómo cambiará el panorama creativo en los próximos años? Sólo el tiempo lo dirá, pero una cosa es segura: La IA ha llegado para quedarse y el diálogo entre la creatividad humana y la tecnología no ha hecho más que empezar.

Nos complace haber compartido este viaje con usted, proporcionándole las herramientas para explorar, comprender y, esperemos, contribuir a esta apasionante evolución. Con "El arte de la IA", ahora dispone de un mapa para navegar por la intersección del arte y la ciencia, una guía para participar activamente en el debate que dará forma a nuestro futuro creativo.

Mantente curioso, mantente creativo y, lo que es más importante, mantente abierto a las infinitas posibilidades que surgen cuando la humanidad y la tecnología unen sus fuerzas en un magnífico ballet de innovación.

ACERCA DEL AUTOR

Harry J. Smith

Harry J. Smith es una figura eminente en la escena de la inteligencia artificial, pero no de un modo tradicional. Su carácter distintivo reside en su peculiar enfoque multidisciplinar que mezcla tecnología, filosofía y arte en una refinada amalgama de conocimientos y perspicacia. Licenciado en Ingeniería Informática por una prestigiosa universidad y doctorado en Filosofía de la Ciencia, Harry siempre ha mostrado una insaciable sed de conocimientos que trascienden las fronteras académicas y las especializaciones aisladas.

A pesar de sus sólidas credenciales académicas, Harry no es un teórico abstracto. Ha colaborado con start-ups innovadoras, instituciones académicas punteras y gigantes industriales en el campo de la IA, poniendo en práctica sus sofisticadas teorías. Su trayectoria profesional está salpicada de puestos destacados como consultor, investigador y conferenciante. Su autoridad en este campo es reconocida tanto por la industria como por la comunidad académica, testimonio de una carrera polifacética y de la capacidad de combinar eficazmente la práctica y la teoría.

Su libro, "El Arte de la IA: Cómo Afecta la Tecnología a la Creatividad", es un fascinante viaje a través de las intersecciones entre la inteligencia artificial y las humanidades. Con una escritura fluida y accesible, Harry explora cómo la IA está transformando no sólo la forma en que vivimos y trabajamos, sino también la manera en que expresamos nuestra creatividad. Es un texto que captura la imaginación del lector, obligándole a cuestionarse cuestiones fundamentales como la esencia de la creatividad, la importancia de la ética en la IA y el papel de la tecnología en la evolución de la sociedad.

Además de ser un autor aclamado, Harry es también un conferenciante muy solicitado. Con su magnética elocuencia, tiene el don de hacer accesibles temas complejos a un público amplio. Sus conferencias, seminarios y talleres son una combinación de rigor científico e ideas provocadoras, a menudo salpicadas de anécdotas personales que hacen tangible su pasión por el tema. Es una de esas raras personas que pueden hablar con la misma facilidad de algoritmos complejos y teorías estéticas, tendiendo puentes entre mundos que a menudo parecen irreconciliables.

Pero lo que realmente distingue a Harry es su humanidad. A pesar de su formidable intelecto y sus impresionantes logros, sigue siendo una persona increíblemente accesible y amable. Es conocido por su capacidad para escuchar y la empatía que muestra hacia los demás, cualidades que brillan tanto en sus escritos como en sus interacciones personales. Para él, la inteligencia artificial no es sólo un campo de investigación o un conjunto de problemas por resolver; es una lente a través de la cual explorar la esencia misma de la experiencia humana.

La profundidad y el alcance de su trabajo hacen de Harry J. Smith una autoridad única en el campo de la inteligencia artificial. Su libro "El arte de la IA" es de lectura obligada para cualquiera que esté interesado en comprender cómo la llegada de la IA está redefiniendo los contornos de la creatividad humana y las posibilidades tecnológicas. Con su talento para comunicar ideas complejas de forma clara y atractiva, Harry no sólo es un experto en su campo, sino también un puente entre mundos diferentes, un catalizador para el diálogo y el entendimiento en una era de rápidos cambios e incertidumbre.

www.ingramcontent.com/pod-product-compliance
Lightning Source LLC
Chambersburg PA
CBHW071300050326
40690CB00011B/2476